あらゆる不調を快方へ導く、丸山式究極の健康法

生命エネルギーが整う〝クスリ絵の教え〟

丸山修寛

河出書房新社

あらゆる不調を快方へ導く、丸山式究極の健康法　目次

第二章　世界は不思議で一杯なのだ！　不思議な療法さまざま　75

マンガの主な登場人物

顕在意識くん

=

(別名ドクター丸山)

潜在意識くん

=

自分の中にいる
小さな神さまみたいなもの

＊本書の内容は、医師である丸山修寛の私見や経験であり、その効果や解釈につきましては、読者各位の責任においてご活用ください。

あらゆる不調を快方へ導く、丸山式究極の健康法

はじめに　健康の自給自足ということ

私は長年、現代医学で病気が治らない人たちや、これ以上薬を飲みたくないという人たちを、どのようにすれば助けることができるだろうか、どのようにすればその人たちの役に立つことができるだろうか、ということを考えてきました。

もちろん私は、現代医学を否定していません。たとえば患者さんがガンになったときに、抗ガン剤や放射線《ほうしゃせん》治療《ちりょう》を受けることを否定する気はありません。化学療法を受けるのもよし、受けないのもまたよし、とするスタンスです。

なぜかと言いますと、この世の中にある治療法には、必ず何らかの意味があると考えているからです。

私のクリニックには、アトピー性皮膚炎などのアレルギー性疾患、高血圧や糖尿病などの生活習慣病、関節リウマチや末期ガンなど、現代医学や薬だけでは治らない疾患を持った人たちがやって来ます。

こうした患者さんを治療する中で気づいたことがあります。それは、病気を治すには、人間の肉体という物質的な側面を診るだけではなく、精神面、さらには人間の意識といった魂《たましい》の問題を解決することが大切だということです。さらには、人体を取り巻く空間についても考える必要があります。

私は、「人体ではなく、人間を治すことが必要である」と考えているのですが、人間という字は、人（人体と人体の内側にあるもの）と間（スペース）から成っています。この字が示すように、人間の本質である意識や生命は、人体の中だけではなく、まわりの空間、つまり間（スペース）にまで広がっているのです。つまり、見える部分だけではなく、見えない部分も含めて人間であり、それらは一つなのです。ですから、その両方を治してこそ、治るということになるのです。

こんなふうに考えるようになったのは、末期ガンの患者さんを治していた横内正典先生に出会ったことがキッカケでした。私は横内先生に弟子入りを志願し、生活環境における電磁波《でんじは》の対策、漢方の処方、O《オー》リングテスト、色を使った治療法などを学びました。そうした中で、西洋医学でも東洋医学でもない、古代からある色や形、音などに着目し、以来二〇年以上にもわたり、現代医学とはまったく別のアプローチからの治療法を模索しています。

その間、いろいろなことがありました。

たとえば、「患者さんの身体の中が見えたら、病気の治し方がよくわかるのにな
あ」と思い続けていたところ、三年ほどかかりましたが、脳裏にスクリーン映像が映
し出されて、身体の中の状態や病気のエネルギーをかなり正確に透視できるようにな
りました。このおかげで、たくさんのことがわかるようになりました。

さらには、治りにくい病気を治せるようになりたいと願い続けました。何しろ、現
代の病気はさまざまなことが要因で、とても治りにくくなっています。強い薬を使う
と一時的にはよくなっても、どうしても副作用を伴います。何とか薬よりも効果のあ
る方法、お金がかからず副作用のない方法で、治りにくい人の病気を治す方法はない
ものかと模索しました。そうして出合ったのが、電磁波対策やカタカムナ、クスリ絵、
十言神呪《とことのかじり》、音薬（身体によい楽曲、音叉《おんさ》の音などで人を治す治療法）などでした。

たとえばクスリ絵というのは、薬とは次元が異なる働きをするデザインで、場合に
よって薬以上の働きをします。魔除けに使われてきた曼荼羅《まんだら》、天体からイメージした
霊障《れいしょう》を解消するフラワーシャーベット、ユダヤ教神秘主義「生命の樹」からインスピ

レーションを受けた立体カバラ、レオナルド・ダ・ヴィンチから学んだ神聖幾何学図形や黄金比、量子物理学《りょうしぶつりがく》、美術などと医学を組み合わせながら、私はこれまで、たくさんの色や図形、デザインを生み出してきました。

クスリ絵は医療とは認められないのかもしれませんが、西洋医学や東洋医学では治すことが難しいガンが改善したり、腫瘍《しゅよう》が小さくなったり、関節リウマチの痛みが消えたりと、不思議な変化が起こっています。

私のクリニックの常連の患者さんからは、「先生は次から次へと、よくいろいろな治療法を考えつきますねえ」と言われます。そんな私の姿がドラえもんが四次元ポケットの中から次々と未来のアイテムを出すのと似ているので、私のことを「ドラえもん先生」と呼ぶ人もいます。

私は、親しい友人をガンや難病で亡くした経験があるため、もし大切な人がそうした病気になったとき、助けることができるようにしたいという一心から、さまざまな治療法の研究・開発を続けてきたのです。

実際、こうした治療法によって、患者さんの病気がよくなったり、治ったりしているのですが、あまりにもさまざまな治療法を用いるため、私の治療を一度も受けたことがない人たちからは、先生は新興宗教を始めたようだ、と根も葉もない噂《うわさ》をされたり、わけのわからないものを使う、などと酷評《こくひょう》されたりしたこともあります。

医者としては異端《いたん》なのかもしれませんが、治るかもしれないものが治らない、というのは残念でならないので、さまざまな治療法を研究し、これは効く、と思ったものはどんどん取り入れて、多くの人を助けたいと思っているのです。

私自身、今までいろいろな人にお世話になって幸せになったから、これからはそれをまわりの人々に還元していきたいと思っています。

今、私が考えているのは、いわゆる「健康の自給自足《じきゆうじそく》」ということです。たとえ医療や医学ではなくても、自分で自分を治し、自分を守る、こういったことも今後、ますます求められていくのではないかと思っています。

私は、多くの方に伝えたいことを、ウェブサイトで「丸山修寛の呟《つぶや》き」としてお伝えしています。私を通して降りてきたメッセージや日々の気づき、体験した出来事などをマンガにして紹介しているのですが、この本ではそのマンガをベースにした「健康の自給自足」を紹介して行きたいと思っています。
本書が、身体に害のない未来の治療の一つとして、病気で悩む多くの患者さんの役に立ち、みなさんの「健康の自給自足」のお役に立てれば幸いです。

丸山修寛

第一章

傘を使って元気になる！これはすごい「傘治療」

電磁波について

最近になってようやく、電磁波《でんじは》が人の身体に悪い影響を与えるということが知られるようになってきました。

しかし、電磁波がどれほどの影響を身体に及ぼしているかを知っている人は、まだまだ少ないようです。

私が、初めて電磁波の害を知ったのは今から二〇年以上前、末期ガンの治療で有名な東京の横内正典先生の医院を訪ねたときでした。「はじめに」でも書いたように、先生は多くの末期ガンの患者さんを完治させていました。それはまさに、神業《かみわざ》と言うしかありませんでした。

なぜそのようなことが可能なのか聞いてみたところ、その答えは、**「電磁波の問題を解決すればガンや難病は治る」**ということでした。先生は自分の氣《き》（氣は一種の電磁波ですが、人体に有益な電磁波）を発する布と、有害電磁波を遮断《しゃだん》する器具で電磁波の悪影響を減らしていました。

それを目のあたりにした私は、**「病気を治すには電磁波の害をなくすことが絶対不可欠だ」**と、このとき確信したのです。

電気を使うと電磁波が出ます。電磁波は、携帯電話《けいたいでんわ》をはじめ、家庭の電気コンセントや延長コード、パソコン、ブレーカー、炊飯器、冷蔵庫、電子レンジ、空調機、Wi－Fiルーターや無線ラン、電気毛布、ホットカーペットなど、あらゆるものから出ています。電気コンセントや家電から出ている電磁波の電気成分（とくにノイズ）が生体電気を乱し、電磁波の磁気成分が生体磁気を狂わせ、身体が正常に働かなくなるのが、電磁波問題の正体なのです。私はこれまでに多くのガン患者さんを診てきて、電磁波に発ガン性があることは間違いないと思っています。


ところが、ひとくちに電磁波といってもさまざまな周波数があります。電磁波は、一秒間にどれくらい振動するかによって、高周波と呼ばれるものから極低周波と呼ばれるものまでに分けられますが、日本で問題になっている電磁波は、高周波と超低周波です。たとえば、高周波の代表は、携帯電話や電子レンジ、Wi－Fiルーターなど。超低周波の代表は、送電線や家電製品からの電磁波などです。こうした複数の周波数の電磁波が複雑に絡み合って、人体に悪影響を及ぼしているのです。ちなみに、欧米のコンセントは主に三穴ですが、日本のコンセントは二穴でアースが取りつけられません。それゆえ、日本では超低周波の電磁波の問題が起こっているのです。

ところが、ほとんどの人が、電磁波障害を受けていても、その症状に気づいていません。

最も電磁波の影響を受けやすいのは、脳の前頭葉《ぜんとうよう》や目です。とくに携帯電話は、数分持つだけでも脳の血流《けつりゅう》が下がり、思考力は低下します。また、目はパラボラアンテナと同じ構造のため、電磁波の影響を受けやすく、送電線や携帯電話基地局の近くに住んでいる人は、電磁波の影響を受けやすいようです。

気をつけなければいけないのは、人がいちばん無防備になる寝室です。枕元に携帯電話を置いていたり、コンセントがついているベッドやスプリングコイルのベッドで寝ていたりすると、寝ている間に電磁波の影響を受けやすくなってしまいます。

とはいうものの、現代社会では電気を使わない生活をすることは不可能です。ですから、電磁波のノイズを取り除いて、有益なものに変える工夫が必要です。

私自身の体験なのですが、あるテレビ番組の中で北枕が身体によいと言っていたので、早速試してみたことがあります。ところが、頭がガンガンし、身体のあちこちが痛くて眠れませんでした。変わったことと言えば、北枕にしたらコンセントが頭の近くになったことくらいだったので、もしかするとこのコンセントからの電磁波の影響かもしれない、と思いました。実は、電気コンセントや延長コードからは強い電磁波が出ているのです。しかし、電磁波による痛みにどのように対処すればいいのかがわかりません。一週間ほど考えて、そうだ！　電磁波のノイズをカットする炭コイル（私が開発したブラックアイ）を試してみようと思い立ち、コンセントに貼ってみたところ、その夜はぐっすり眠れ、痛みもありませんでした。

この経験から、なかなかよくならない患者さんにこのコイルを使ってもらったらどうだろう、と思って試してもらったところ、痛みやかゆみが改善されたのです。

先にも書いたように、電気や電磁波そのものが悪いわけではないのです。問題なのは、電気を使うときに発生するノイズなのです。ノイズをカットした電気や電磁波は、氣と同じように、人を元気にしたり、癒したりする作用があります。ですから私は、ノイズのある電気を毒電気、ノイズのない電気をクスリ電気と呼んでいます。
大切なのは、ノイズを消すこと、身体の電磁波対応能力を上げることなのです。

コンセントへの電磁波対策で改善した症例

・ステロイドが効かないアトピー性皮膚炎
・ひどい生理痛
・気分が落ち込む、鬱《うつ》のような症状
・薬を飲んでもよくならない喘息《ぜんそく》の発作
・学校に行けない子ども（頭痛、朝起きられないなど）
・めまい、立ちくらみ
・動悸《どうき》、息切れ
・節々《ふしぶし》や身体の痛み
・目のかすみや、目の奥の痛み　etc.

静電気と帯電

静電気を
人体が帯びることを
帯電と言う
Wi-Fi
冷蔵庫
電磁波だ〜〜
電磁波を浴びると
静電気が増える
力が出ない

死の予告

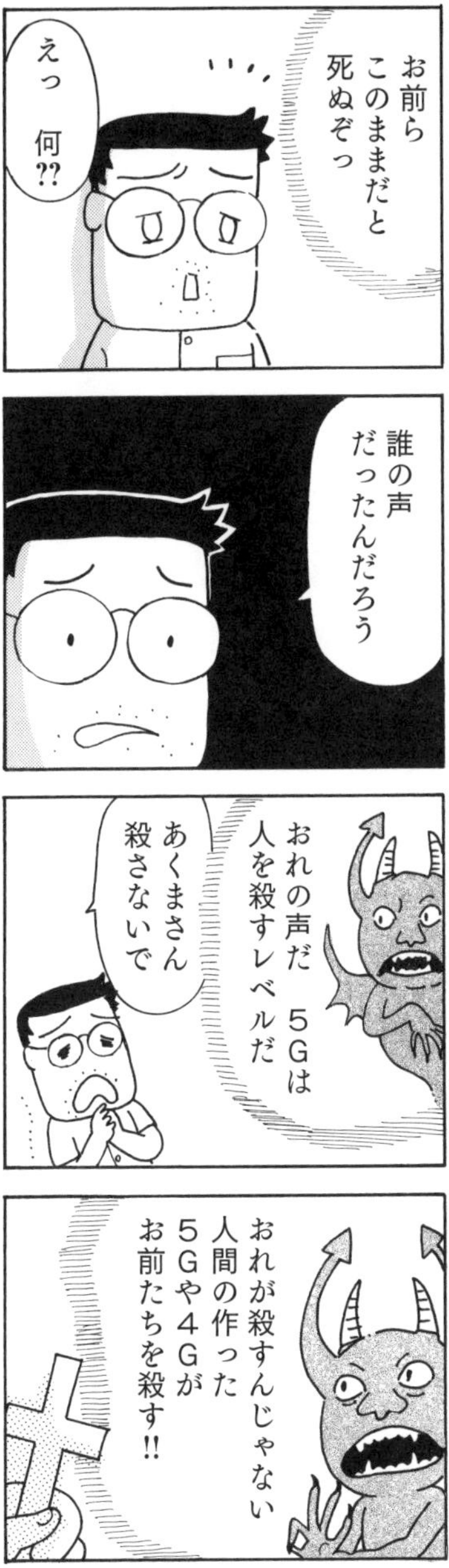
お前ら
このままだと
死ぬぞっ
えっ　何??
誰の声
だったんだろう
おれの声だ　5Gは
人を殺すレベルだ
あくまさん
殺さないで
おれが殺すんじゃない
人間の作った
5Gや4Gが
お前たちを殺す!!

知らぬが仏

4Gや5Gのせいで
病気になってるなんて
思う人は少ない!!
電気が毒電気に!!
4G・5Gの
毒電気も目に見えない
でも人間を
死に導く
薬を飲んでも
効かない
どんどん
悪くなっていく
薬
そりゃあそうだろ
4G・5Gが
原因なんだから
知らないと死ぬよ
知らぬが仏

今はもう治らない時代に

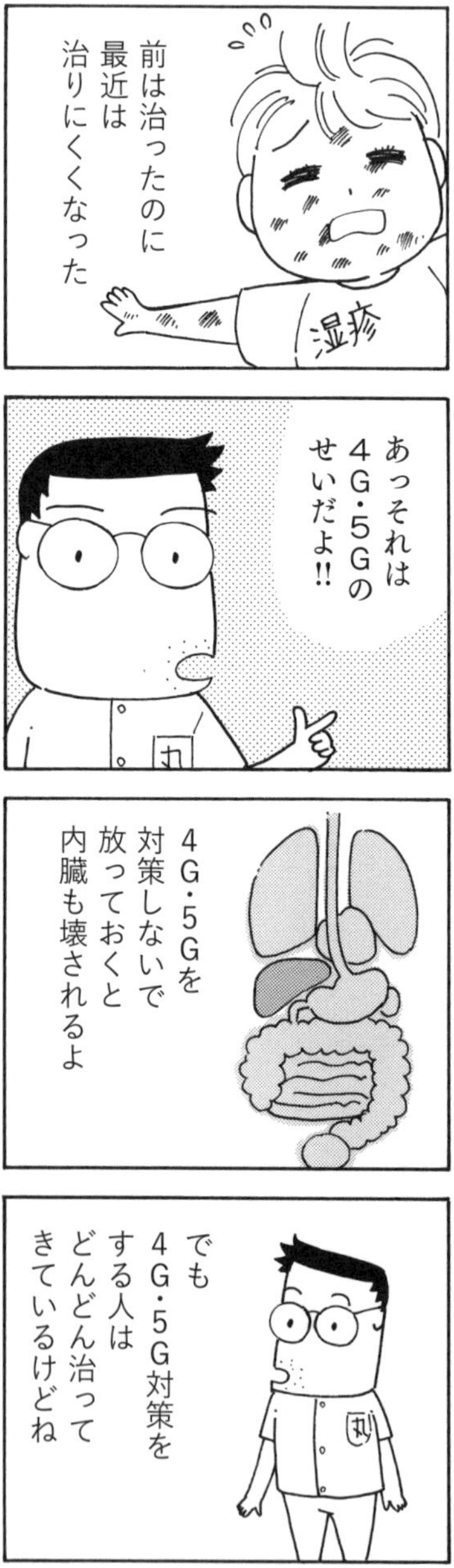

前は治ったのに
最近は
治りにくくなった
湿疹
あっそれは
4G・5Gの
せいだよ!!
丸
4G・5Gを
対策しないで
放っておくと
内臓も壊されるよ
でも
4G・5G対策を
する人は
どんどん治って
きているけどね

パソコン痛　スマホ痛

痛い!!
痛
スマホを長く持っている手や肩に痛みが出る人は多い
どうして
スマホからすごく毒電気が出てくるからさ

子どもスマホ

子どもがスマホ中毒になっている
メール
SNS
でんわ
夜眠れない
日中眠くて勉強できない
スマホ中毒はマヤク中毒と同じ!!

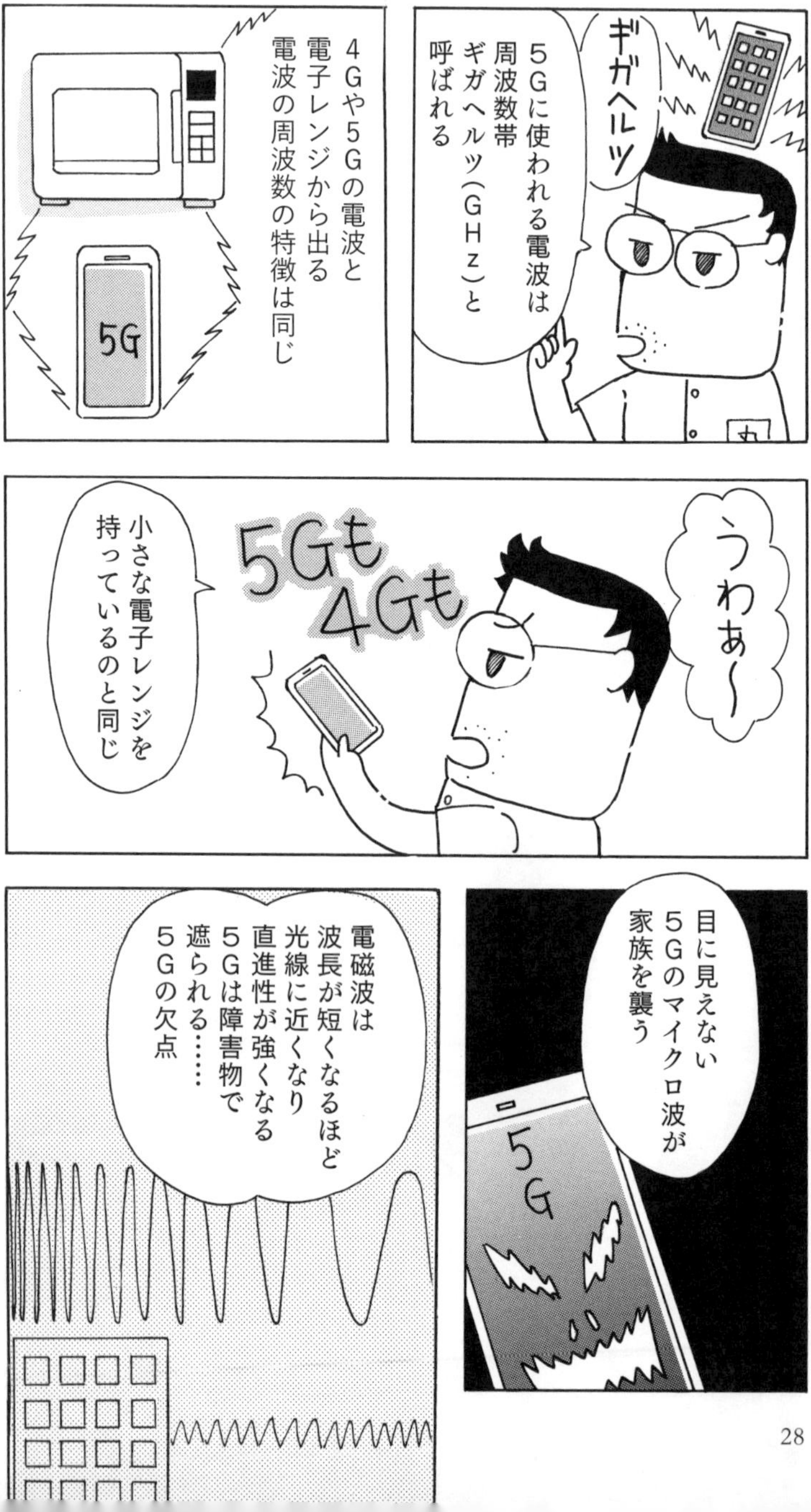
ギガヘルツ
5Gに使われる電波は周波数帯ギガヘルツ（GHz）と呼ばれる
4Gや5Gの電波と電子レンジから出る電波の周波数の特徴は同じ
5G
うわあ～
5Gも4Gも
小さな電子レンジを持っているのと同じ
目に見えない5Gのマイクロ波が家族を襲う
5G
電磁波は波長が短くなるほど光線に近くなり直進性が強くなる5Gは障害物で遮られる……5Gの欠点

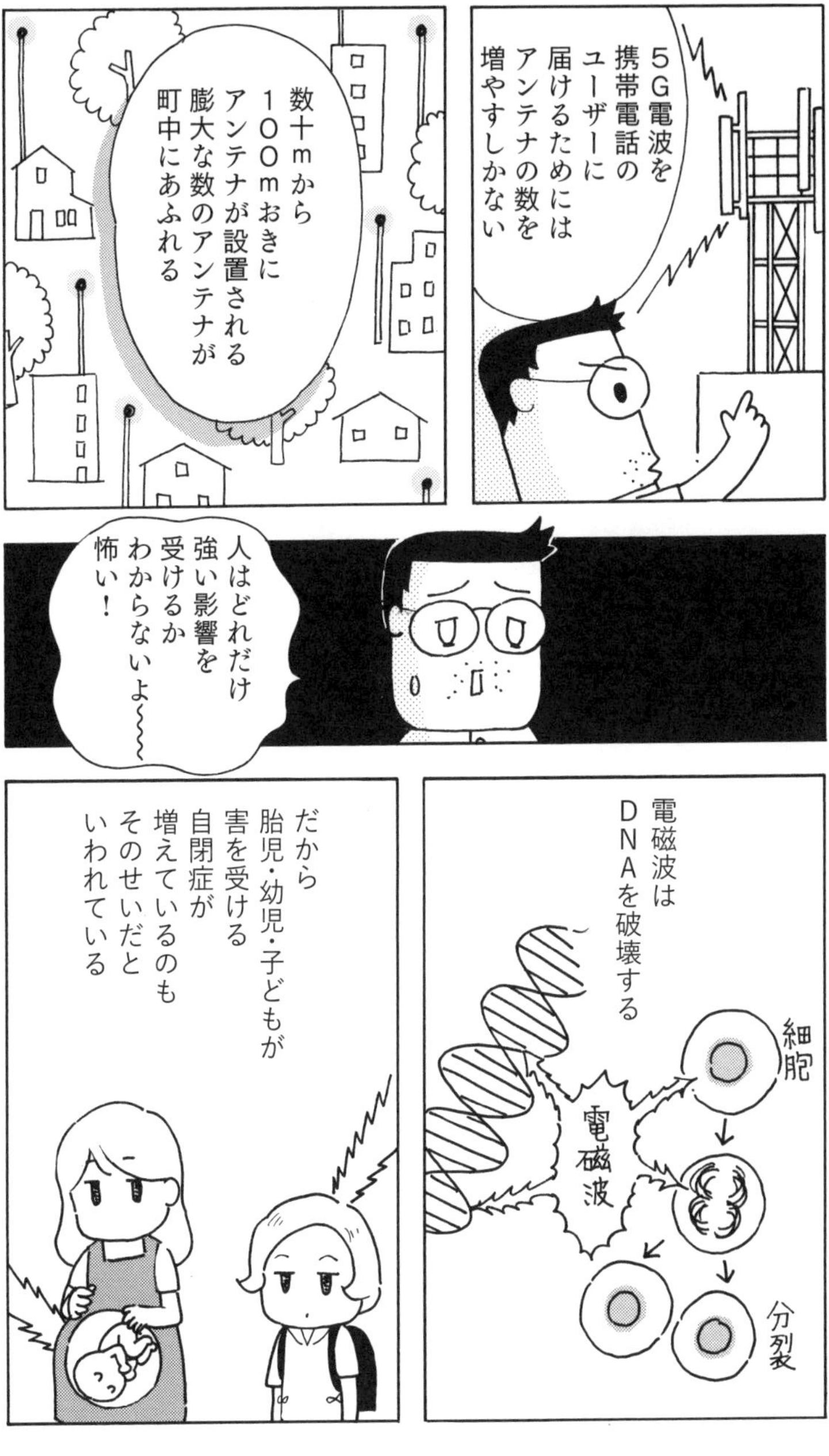
5G電波を携帯電話のユーザーに届けるためにはアンテナの数を増やすしかない
数十mから100mおきにアンテナが設置される膨大な数のアンテナが町中にあふれる
人はどれだけ強い影響を受けるかわからないよ〜〜 怖い！
電磁波はDNAを破壊する
細胞
電磁波
分裂
だから胎児・幼児・子どもが害を受ける自閉症が増えているのもそのせいだといわれている

大人の場合も
成長中の細胞が
ダメージを受ける
正常細胞
電磁波
ガン細胞
電磁波には発ガン性
（イニシエーター）があり
ガン促進（プロモーター）
の働きもある
電磁波で
ガンになる人は
少なくない
健康のためにと思って
腰につけていた
電気ベルトで
大腸ガンになったと
いう人もいる
電気・磁気
生体は電気と磁気で
動いているから
有害な電気と磁気
（電磁波）でガンになるよ
実際に
電磁波対策だけで
ガンが消えた人がいる
末期ガンの治療で有名な
横内正典先生は
電磁波対策をすることで
末期ガン患者を
生還に導いている

新しいウイルスが続々①

これから怖いウイルスが増える
新型コロナウイルス以外のウイルス??
そう別の怖いウイルスがやって来る
難病・奇病も増える
どうして?
ケイタイの電波が４G(第４世代)から５G(第５世代)に代わるからさ

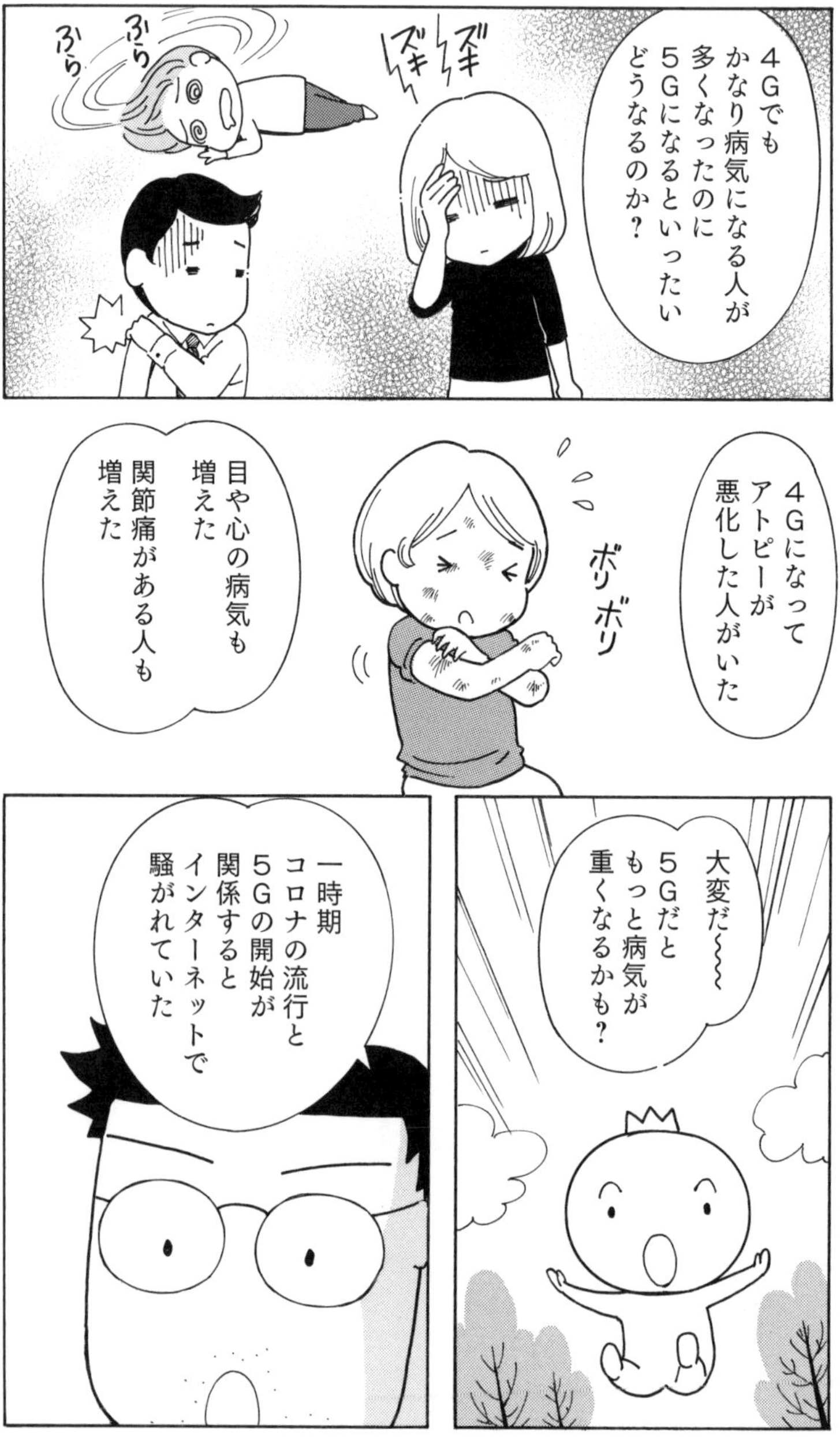
4Gでも
かなり病気になる人が
多くなったのに
5Gになるといったい
どうなるのか?
ズギ
ズギ
ふら
ふら
4Gになって
アトピーが
悪化した人がいた
ボリボリ
目や心の病気も
増えた
関節痛がある人も
増えた
大変だ〜〜
5Gだと
もっと病気が
重くなるかも?
一時期
コロナの流行と
5Gの開始が
関係すると
インターネットで
騒がれていた

5Gの電波でコロナが凶暴化したとかも言われてた
他のウイルスも凶暴化しないといいなあ
どうしたらいいんだろう?
人が5Gやウイルスに負けなくなればいいんだよ
そんな方法があれば教えてね

キラーン
すごい!
何がすごいの?
体内アーシング!!
体内アーシング!?
そう体内アーシング
ズイ
どんなふうにすごいの??
たった20分で人を楽にしています
こんなことできるの奇跡だと思う

楽にするだけ??
症状はとれないの??
現代医学でとれない症状までとれることが多い
たとえば?
身体を支えてもらわないと崩れ落ちてしまうような人も20分で歩けるようになる
ガンの人なら20分くらいで元気が出る
身体が楽になる目が開いて生き生きしてくる
身体だけでなく心にも効きそう
そのとおり!
痛みとかには?

効くよ！
頭痛・腰痛 ひざの痛み・手足の痛み 胸の痛み 肩の痛み 背中の痛みにも
かゆみには？
アトピーの症状の半分以上はとれる 人によってはものすごい早さでよくなる人もいる
これは新しいアトピーの治療法かも
そうかも
内科 小児科
丸山アレルギークリニック
リウマチ性多発筋痛症 ヘパーデン結節にも効くよ
個人差はあるけど
高血圧には？
もちろん効く

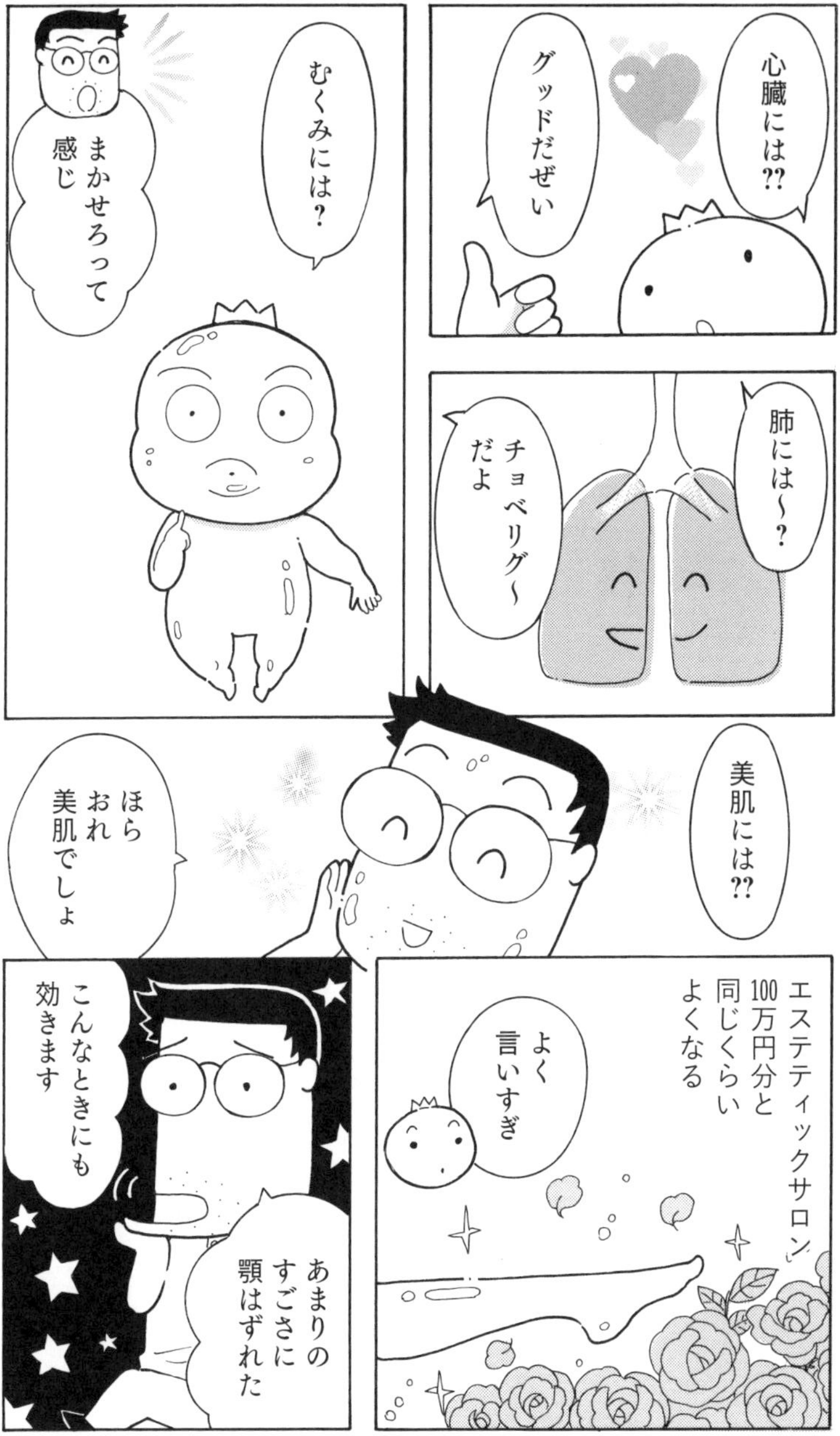
心臓には??
グッドだぜい
肺には〜?
チョベリグ〜だよ
むくみには?
まかせろって感じ
美肌には??
ほら おれ 美肌でしょ
エステティックサロン100万円分と同じくらいよくなる
よく言いすぎ
こんなときにも効きます
あまりのすごさに顎はずれた

パニック
パニックにもすごく効くことがある
心がホッとしてくる
アレルギー
ウィルス
カビ
細菌
にも負けない
目の病気にもよく効く!!
キラーン
筋力アップ
すっごいすっごい体内アーシング

多くの人に使ってもらいたい
で 体内アーシングっていったい何なの？
アーシングは一般的には余分な電気を地球に返すこと
身体の中は電気が多すぎるところと少なすぎるところがある
電気が少ない
電気が多い
電気が少ない
電気が多い
体内アーシングは体内の電気の多いところから少ないところに電気をあげる
電気が多いところ
電気が少ないところ

そうしたら どうなるの?
電気が 極端に多いところ 少ないところが なくなる
均一化
すると 全身くまなく 電気が流れる
丸
生体電気の力で パワフルに
ほほほ こんな 感じよ~
具体的には 何を どうするの??
おほほ 今から 話すわ
いちいち おほほとか 気持ち 悪いんだよ~
まあ 潜在意識くん お下品ね
まず使うのは 人の手指だ

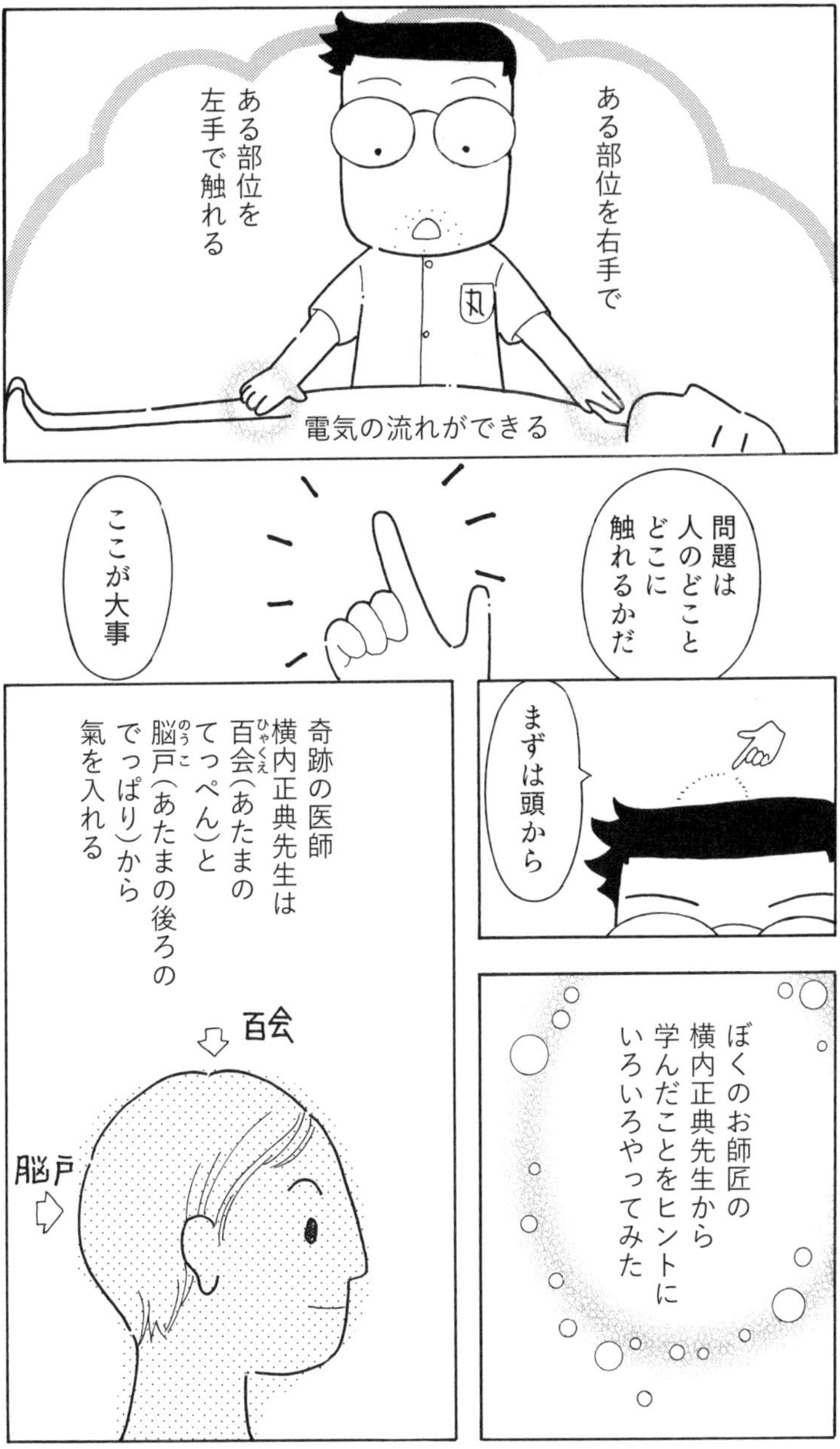
ある部位を右手で
ある部位を左手で触れる
電気の流れができる
問題は人のどこどこに触れるかだ
ここが大事
まずは頭から
奇跡の医師横内正典先生は百会《ひゃくえ》（あたまのてっぺん）と脳戸《のうこ》（あたまの後ろのでっぱり）から氣を入れる
百会
脳戸
ぼくのお師匠の横内正典先生から学んだことをヒントにいろいろやってみた

これをすると
脳が活性化
するんだよね
脳が動き始める
百会(A)
脳戸(B)
すっごい頭が
クリアになる
なんだこれ～
(A)と(B)とを
体内アーシングすると
氣を入れたのと
同じようになる
(A)と(B)を
体内アーシングすると
目が開く感じがする
(A)
(B)

体内アーシング⑩

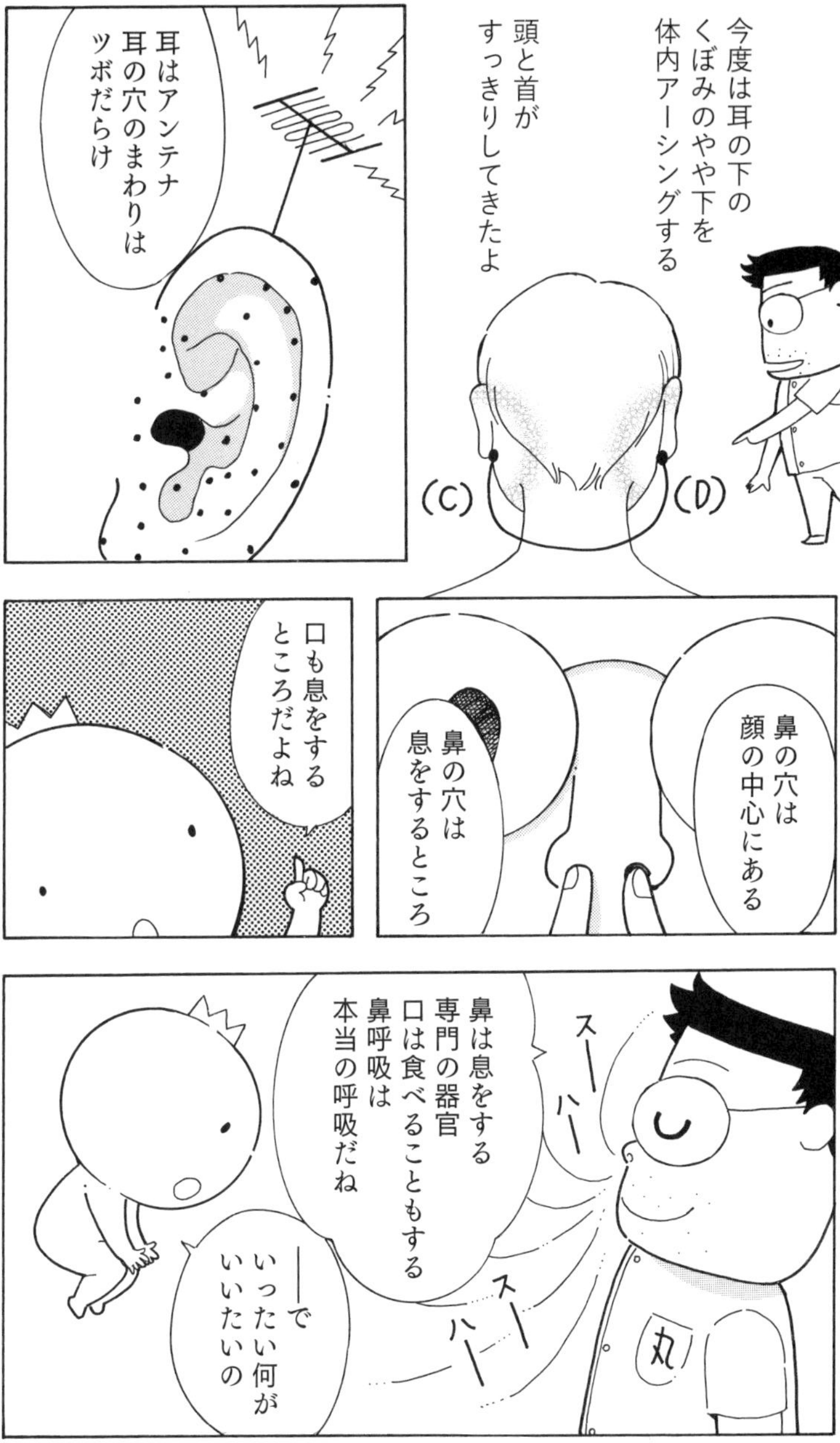
今度は耳の下のくぼみのやや下を体内アーシングする
頭と首がすっきりしてきたよ
(C)
(D)
耳はアンテナ 耳の穴のまわりはツボだらけ
鼻の穴は顔の中心にある
鼻の穴は息をするところ
口も息をするところだよね
鼻は息をする専門の器官 口は食べることもする 鼻呼吸は本当の呼吸だね
スー ハー
スー ハー
丸
――で いったい何が いいたいの

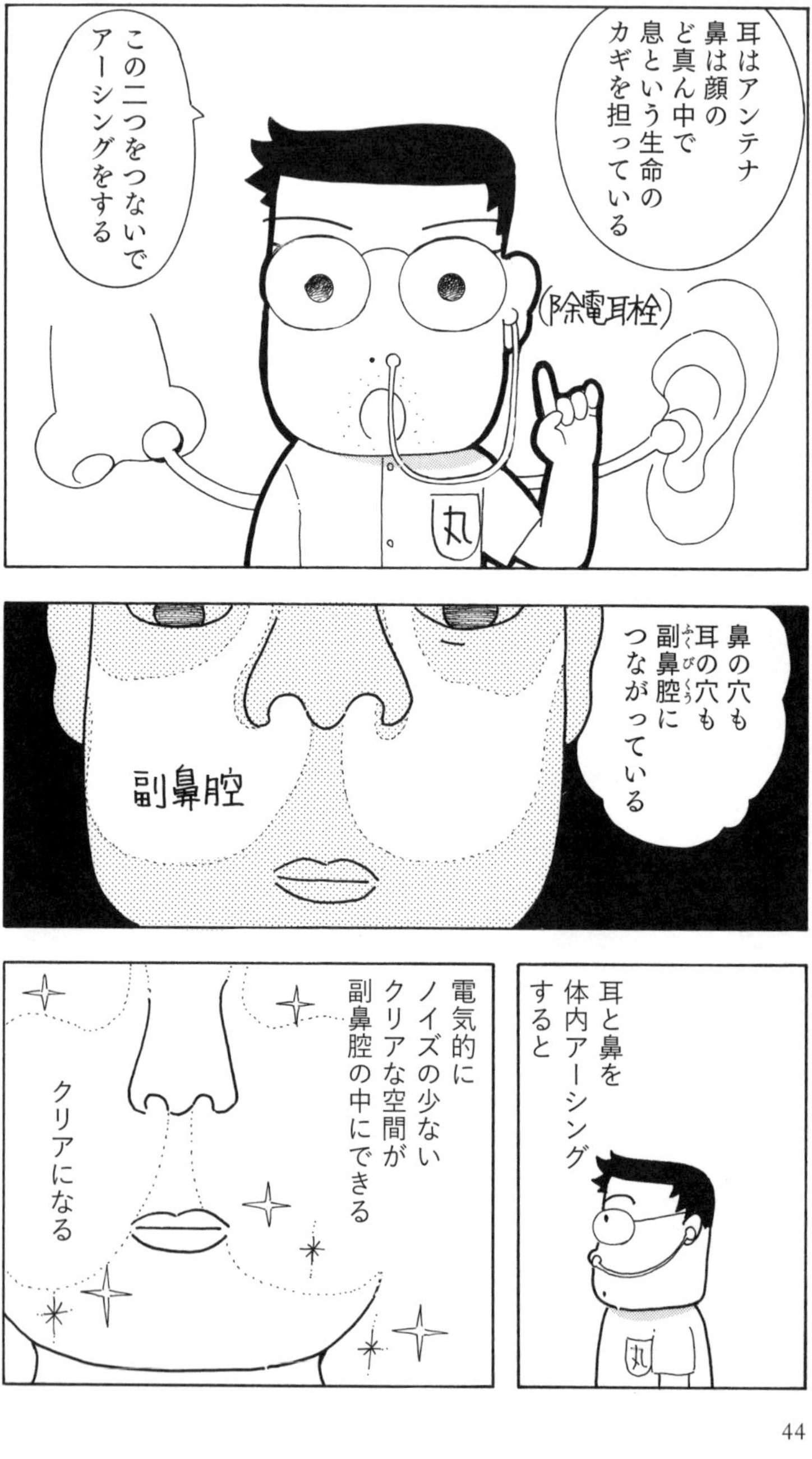
耳はアンテナ鼻は顔のど真ん中で息という生命のカギを担っている
この二つをつないでアーシングをする
(除電耳栓)
鼻の穴も耳の穴も副鼻腔《ふくびくう》につながっている
副鼻腔
耳と鼻を体内アーシングすると
丸
電気的にノイズの少ないクリアな空間が副鼻腔の中にできる
クリアになる

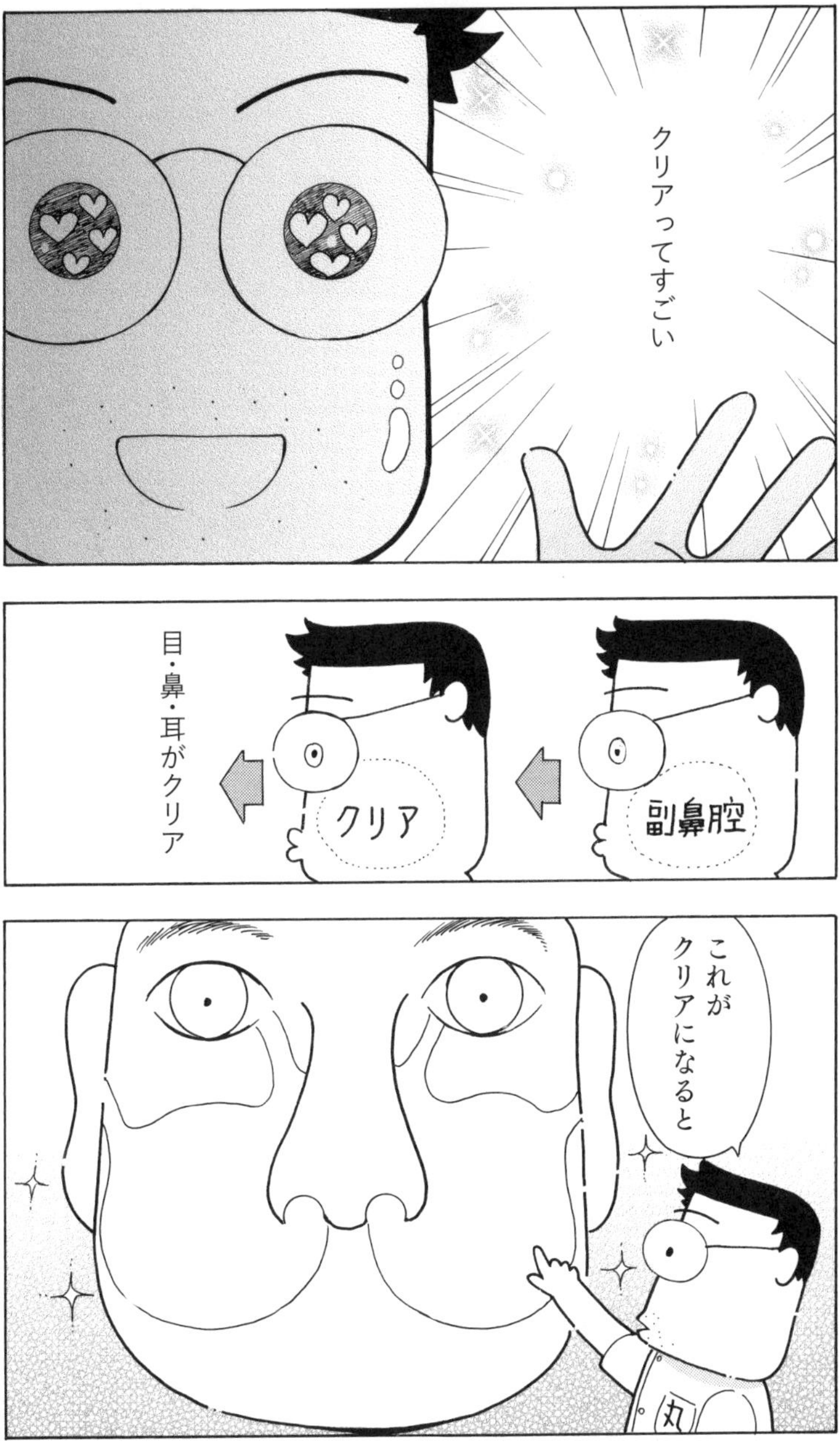
クリアってすごい
副鼻腔
クリア
目・鼻・耳がクリア
これがクリアになると
丸

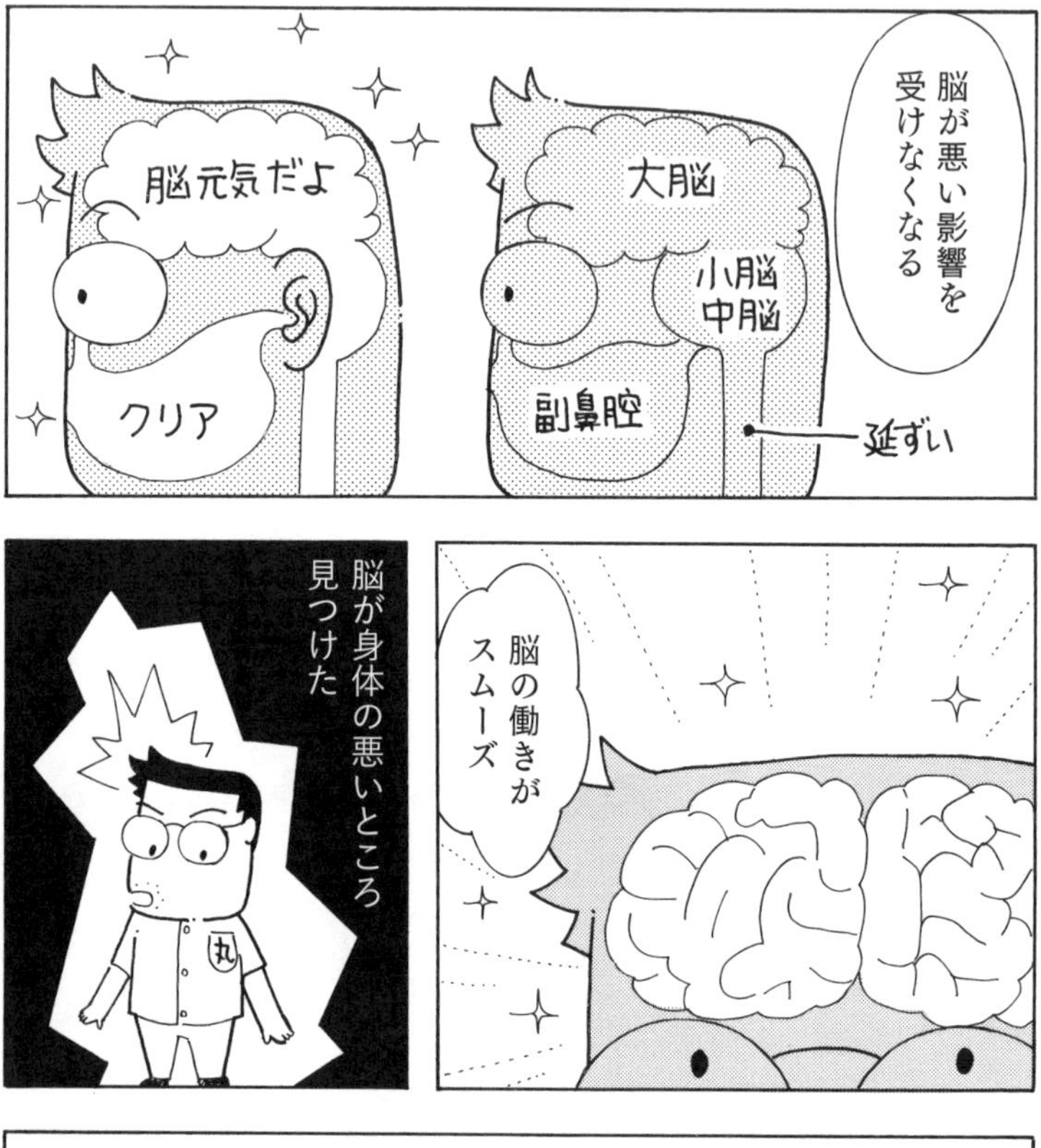
脳が悪い影響を受けなくなる
大脳
小脳
中脳
副鼻腔
延ずい
脳元気だよ
クリア
脳の働きがスムーズ
脳が身体の悪いところ見つけた
ガンの赤ちゃんがいた!
ガン
免疫細胞よ
ガンの赤ちゃんを
やっつけろ

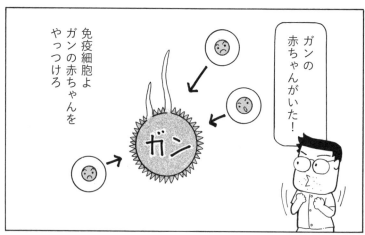

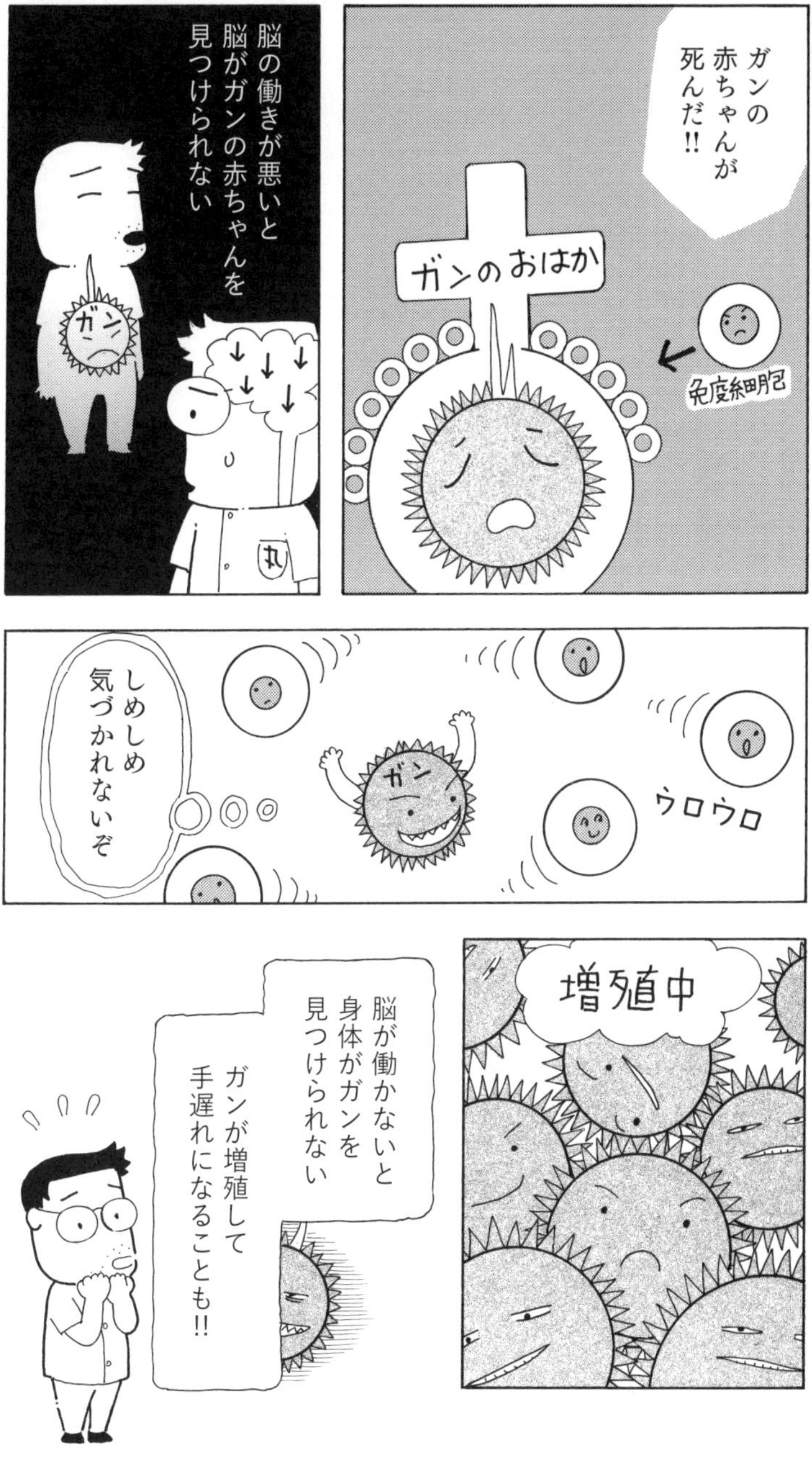

ガンの赤ちゃんが死んだ!!
ガンのおはか
免疫細胞
脳の働きが悪いと脳がガンの赤ちゃんを見つけられない
ガン
しめしめ気づかれないぞ
ガン
ウロウロ
増殖中
脳が働かないと身体がガンを見つけられない
ガンが増殖して手遅れになることも!!

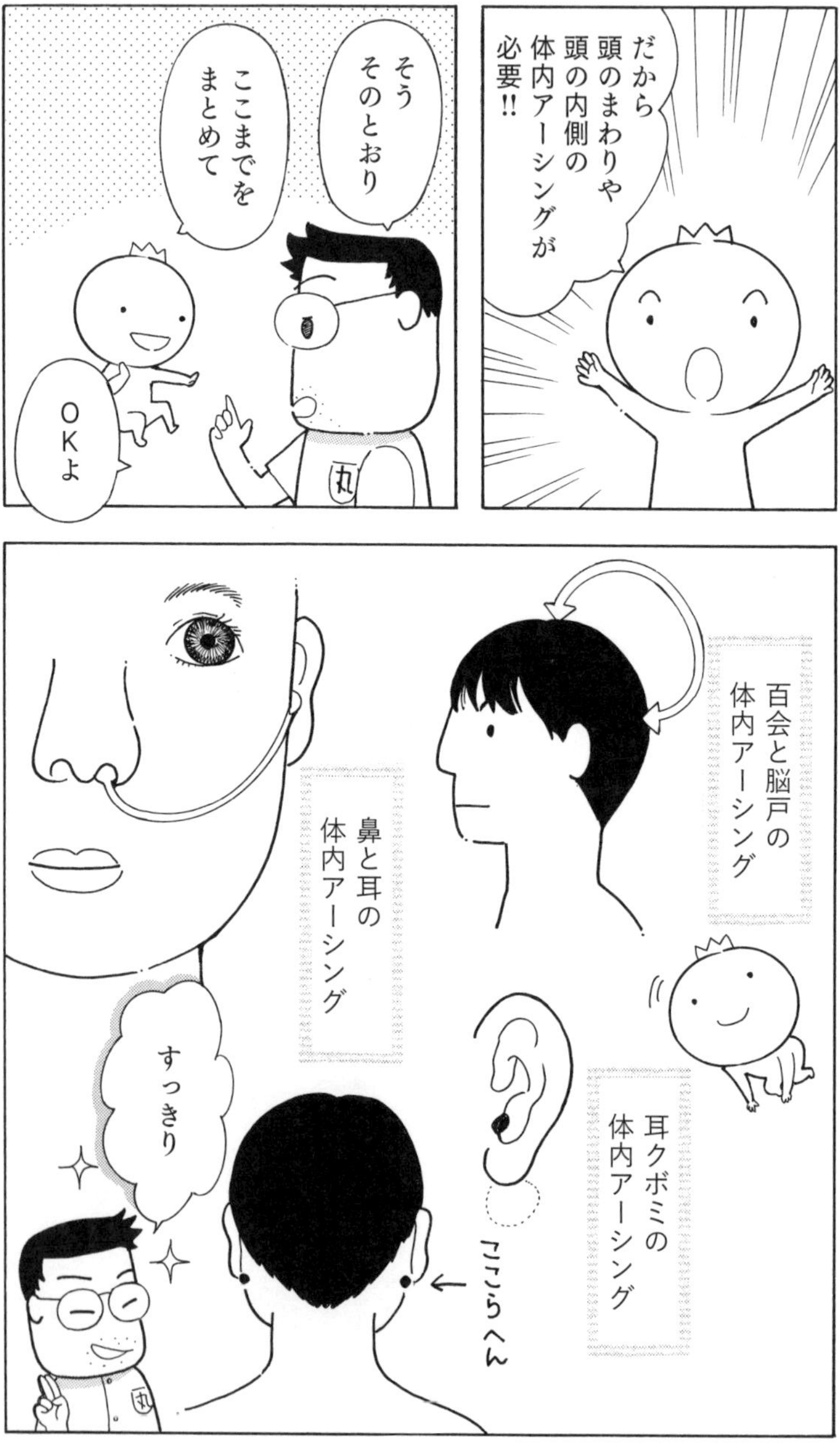
だから
頭のまわりや
頭の内側の
体内アーシングが
必要!!
そう
そのとおり
ここまでを
まとめて
OKよ
百会と脳戸の
体内アーシング
鼻と耳の
体内アーシング
耳クボミの
体内アーシング
ここらへん
すっきり

体内アーシング⑯

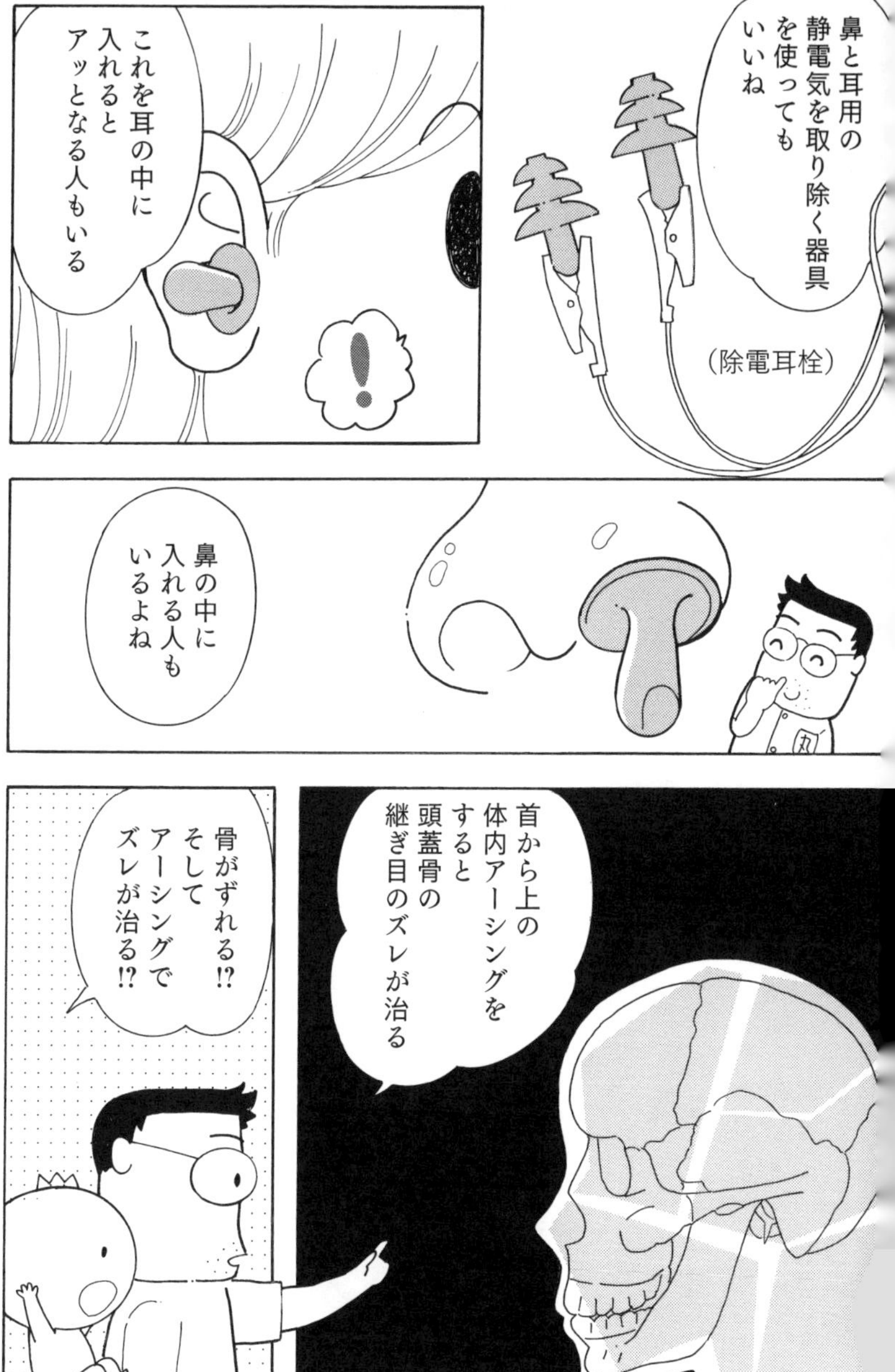

鼻と耳用の静電気を取り除く器具を使ってもいいね
（除電耳栓）
これを耳の中に入れるとアッとなる人もいる
!
鼻の中に入れる人もいるよね
首から上の体内アーシングをすると頭蓋骨の継ぎ目のズレが治る
骨がずれる!? そしてアーシングでズレが治る!?

うん頭蓋骨は
24個の骨から
できてるよ
だから骨と骨の間が
くっつくところに
継ぎ目があるんだ
この継ぎ目は
ずれやすい
24個の骨は
息を吸ったり
吐いたりすると
外側に広がったり
内側に縮んだりする
スーハースーハー
ところが
継ぎ目がずれると
24個の骨でできた
頭蓋骨は
呼吸によって
伸びたり
縮んだり
しなくなる

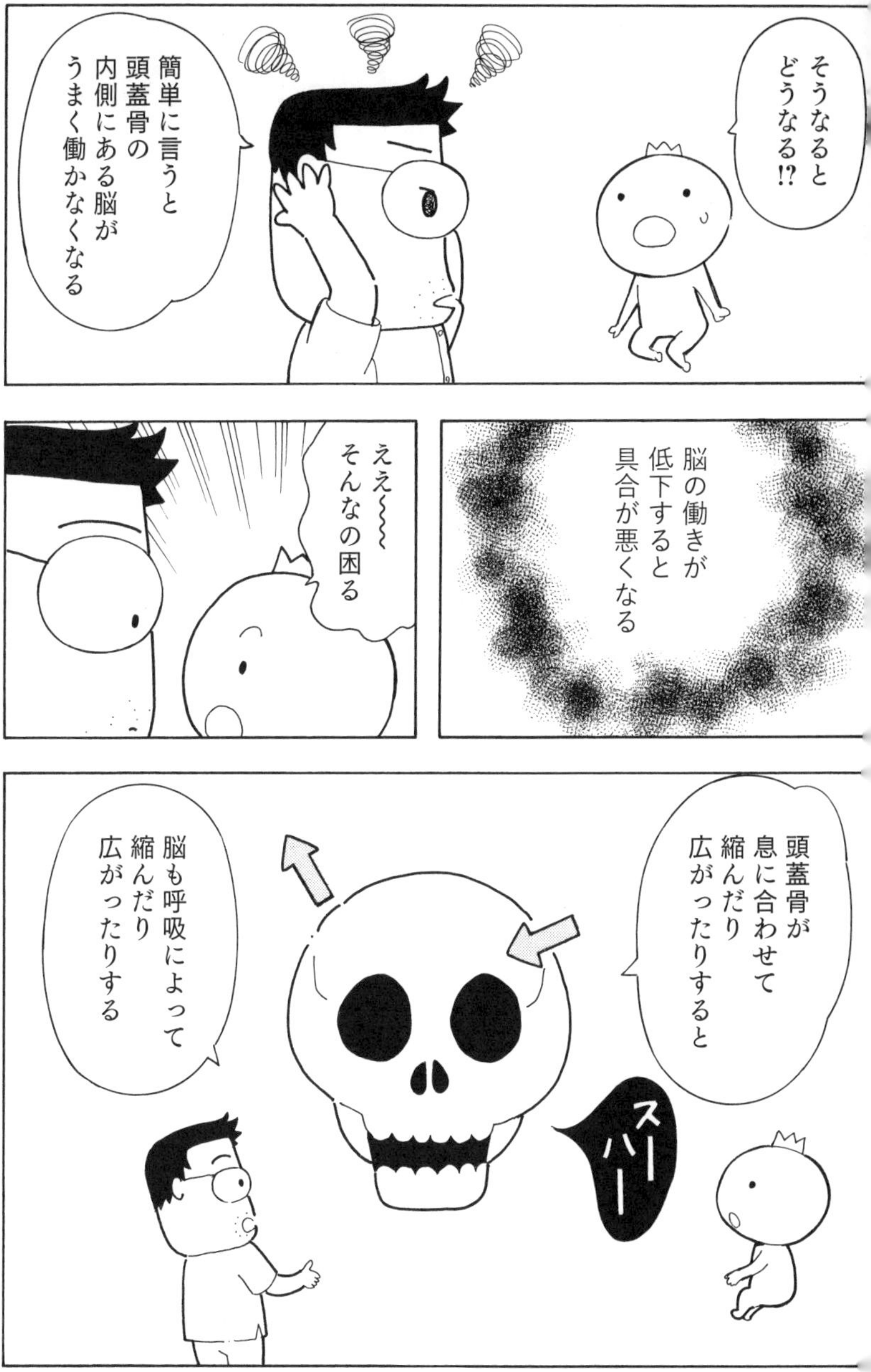
そうなると
どうなる!?
簡単に言うと
頭蓋骨の
内側にある脳が
うまく働かなくなる
脳の働きが
低下すると
具合が悪くなる
ええ〜〜〜
そんなの困る
頭蓋骨が
息に合わせて
縮んだり
広がったりすると
スー
ハー
脳も呼吸によって
縮んだり
広がったりする

脳の表面をおおう髄液《ずいえき》も流れやすくなる
脳
頭蓋骨の動きはポンプみたいな働きをする
脳の表面の血流もよくなる脳表面の髄液の流れもよくなる
スイ
スイ
髄液が脳の表面を行ったり来たりすると
ずい液
脳の表面に髄液から栄養が脳に行く
脳

column

これはすごい！ 傘を使って元気になる「傘治療」

傘治療《かさちりょう》というのは、傘を使って病気が消える空間を作り、そこにいるだけで病気が勝手に治ってしまうようにするための究極の方法です。努力がいらない。勝手に病気が治る。これってすごい方法だと思いませんか。

人が治るレベルにまで空間を変えていくというシステムは私がずっと探していたもので、傘を使えばそれはうまくいくのでは、と思ってはいましたが、やっとその空間を作ることに成功したのです。

用意するものは、市販の傘（透明のビニール傘を推奨しています）と私が開発した人体に有害な電磁波のノイズをカットする電磁波ブロッカーシートと炭コイルだけ。こうして作った5G傘を使うだけで、人が治る空間をどこにでも作ることができます。

この5G傘を寝室の天井やパソコンを使って仕事をするところに吊り下げるだけで、睡眠障害がなくなったり、パソコンやＷｉ－Ｆｉからの有害な電磁波を受けなかったり、さまざまな効果を実感する人が非常に多くなっています。

誰にでも簡単にできて、即効性が期待できる5G傘、皆さんにぜひ試していただきたいと思っています。

傘治療の仕組み

傘治療に使う傘の仕組みについて説明します。

傘の骨組みというのはアンテナの役目をしますので、ここに有害な電磁波を集め、電磁波ブロッカーのシートや炭コイルを貼ることによって、電磁波をノイズのないクスリ電気に変えます。こうすることによって、傘の下の空間がクスリ空間に変わるのです。

この5G傘の下の空間をたとえて言うと、神社の清々しい空間の中にいるような、そんな感じでしょうか。傘の内側にシートを貼って、電気の中の穢《けが》れ（ノイズ）を取ることによって電気の禊《みそ》ぎが行われ、そこが神々しい空間になるわけなんですね。敏感な人は、傘の下に入っただけで空気が変わるのを感じるようです。

私のクリニックに来られた患者さんにもこの「傘治療」を試してもらっていますが、この5G傘の下にいると、呼吸が楽になったり、身体が温かくなったりして、頭痛や

5G傘について

電磁波ブロッカーシート

電場、磁場、高周波（マイクロ波）を低減するシールです（3種類）。

炭コイル

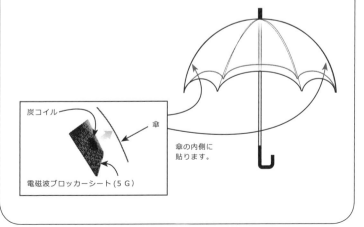

家電やコンセントに貼ることで、電気のノイズを減らし空気中のプラスイオンをマイナスイオン優位にします。
身体に貼ることで生体電気の流れをよくします。

5G傘

電磁波ブロッカーシート（5G）と炭コイルを貼った傘です。

＊5G傘については『クスリ絵電気治療革命』という冊子でくわしく説明しています。「丸山修寛公式サイト」でもPDFを公開しています。

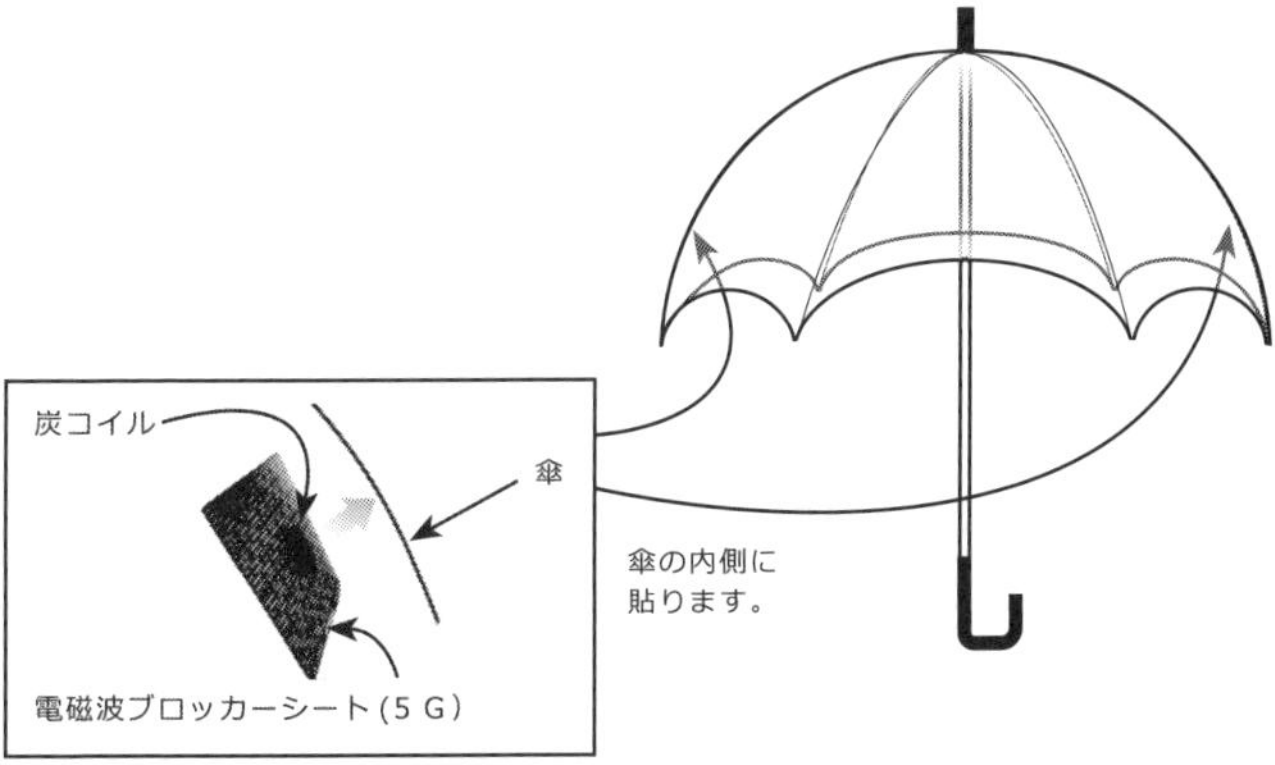

肩こり、めまいや難聴が改善されるなど、とにかく身体が楽になるという人が続出しています。

驚いたのは、アズール（急性帯状潜在性網膜外層症「AZOOR」）という治療法も原因もわからない目の難病で五年半も目が見えなかった方が、この傘治療によって、わずか二〇分で治ったことでした。難聴で来られた患者さんが、たった二〇分5G傘の下にいただけで普通に聴こえるようになったこともあります。さらには、アレルギー疾患にも効果が見られ、アトピー性皮膚炎の方の症状が急激に改善した例もあります。

それだけではなく、腰痛が治った、リウマチの痛みが軽減された、指の腫れによる痛みが消えてものが握りやすくなった、ガンの痛みが消えたなど、痛みに関してもかなりの効果があることがわかりました。

5G傘を寝室の天井やパソコンを使って仕事をするところに吊り下げるだけで、睡眠障害がなくなり、パソコンやWi－Fiからの有害な電磁波をブロックすることで、さまざまな効果を実感することができます。

また、鉄塔や変電所のそばに家がある人の場合、電磁波対策が難しかったのですが、これを使うことによって、電磁波の影響を受けにくい空間を作ることができます。ですから、これは多くの人に使っていただきたいと思っています。

さらには、病気だけではなく、美容やアンチエイジング、物忘れ防止など、さまざまなシーンに使える万能なものだと思っています。かつ、傘なのでどこにでも持ち運びができます。外出すると電磁波を浴びて具合が悪くなるような人も、この5G傘を持って歩けばいいのです。

私のクリニックでは、待合室やベッドのある天井にこの5G傘を設置してありますので、「傘の下にいてくださいね」と伝えて、しばらくそこにいてもらうのですが、その間にさまざまな症状が改善されたり、勝手に治ってしまったりする事例が続出しています。5G傘の下にいるだけで小顔になってお肌がツルツルになった人や髪の毛まで生えそろった、という人もいます。まさにクスリ空間ですね。

また、空間がきれいになることで私たちの免疫《めんえき》が上がりますから、ウイルス対策にもなりますし、こうした気持ちのよい空間にいると、潜在意識が私たちの言うことを聞いてくれて、いろいろなことを教えてくれます。インスピレーションを得やすくなるなど、潜在意識とツーカーになれるツールにもなるのです。

また、この5G傘の下でクスリ絵を見たり、人差し指をアンテナのように立てて、後述するカタカムナウタヒを唱えたりするのもお勧めです。

よっしゃー
5Gシートを
傘に貼って
よくなる人がいる
MAXmini MAXmini MAXmini
丸
つい最近は
5年も左目が
よく見えなかった人の
目が奇跡的に
回復した
電磁波過敏症で
目や頭・全身の
筋肉が痛いっていう
人もよくなった

1年間
目から涙が出て
止まらない人が
治った
うつ病の人が
20分間
傘の下にいたら
笑いはじめた
腰痛や
手足のしびれが
よくなる人もいる
でも
もうひと工夫が
必要な気がする
何だろう

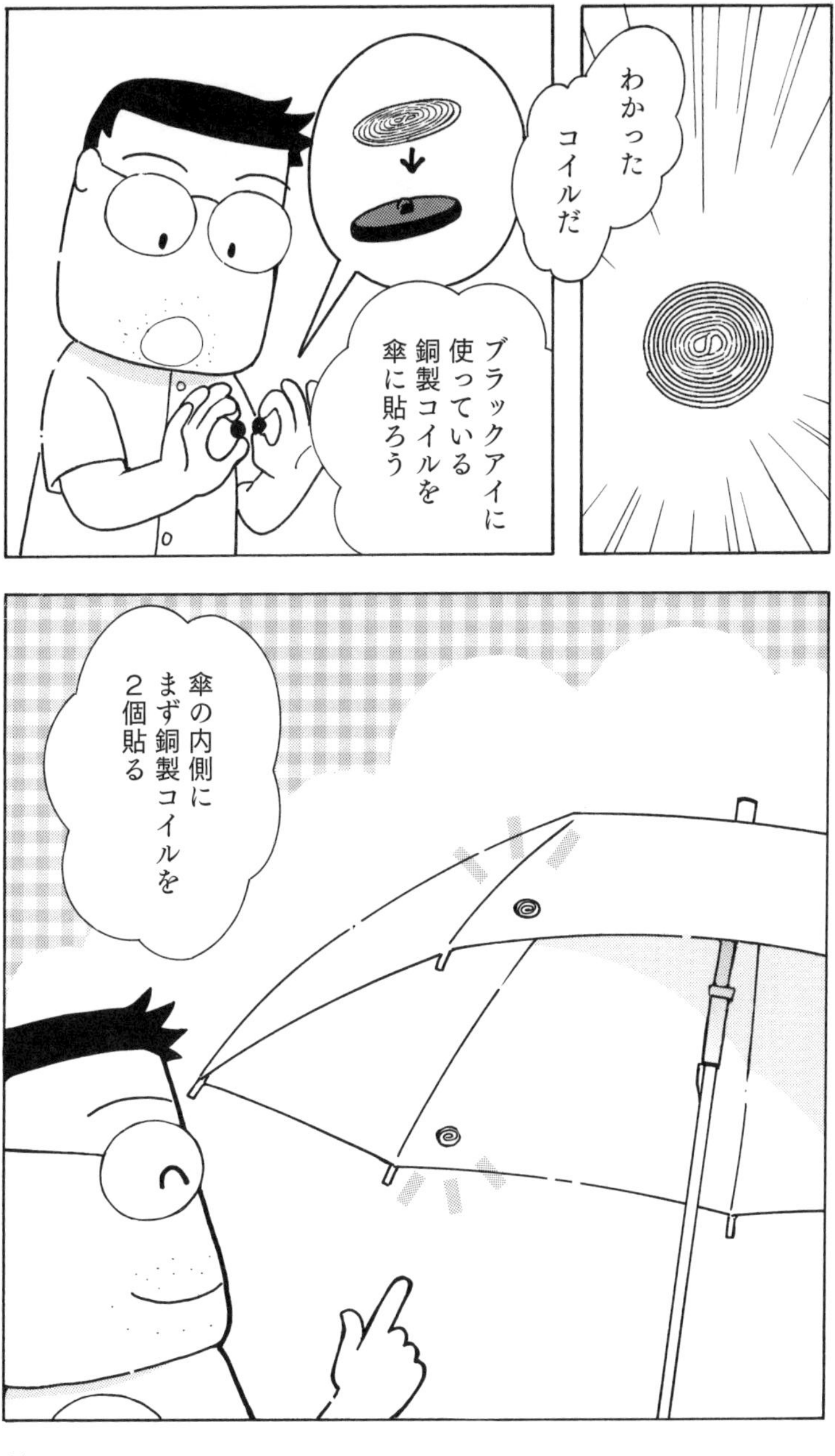
わかった
コイルだ
ブラックアイに
使っている
銅製コイルを
傘に貼ろう
傘の内側に
まず銅製コイルを
2個貼る

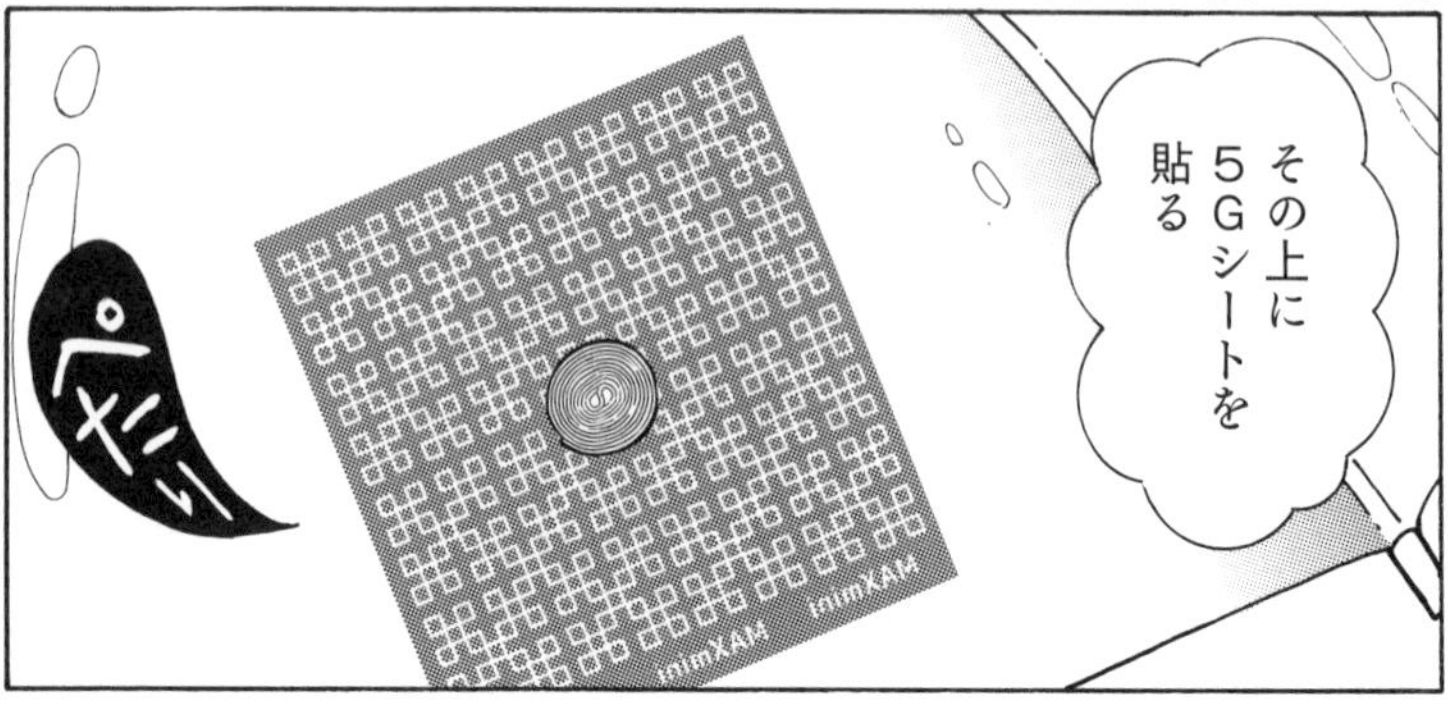
その上に
5Gシートを
貼る
ペタ
MAXmini
MAXmini

完成だ

何か
銅製コイルの上に
5Gシートを
貼ったほうが
傘の下の空間が
涼しい！

なんか
神社の中の
空気みたいだ
この傘の下にいた
人の症状の
よくなり方は
前よりいいようだ

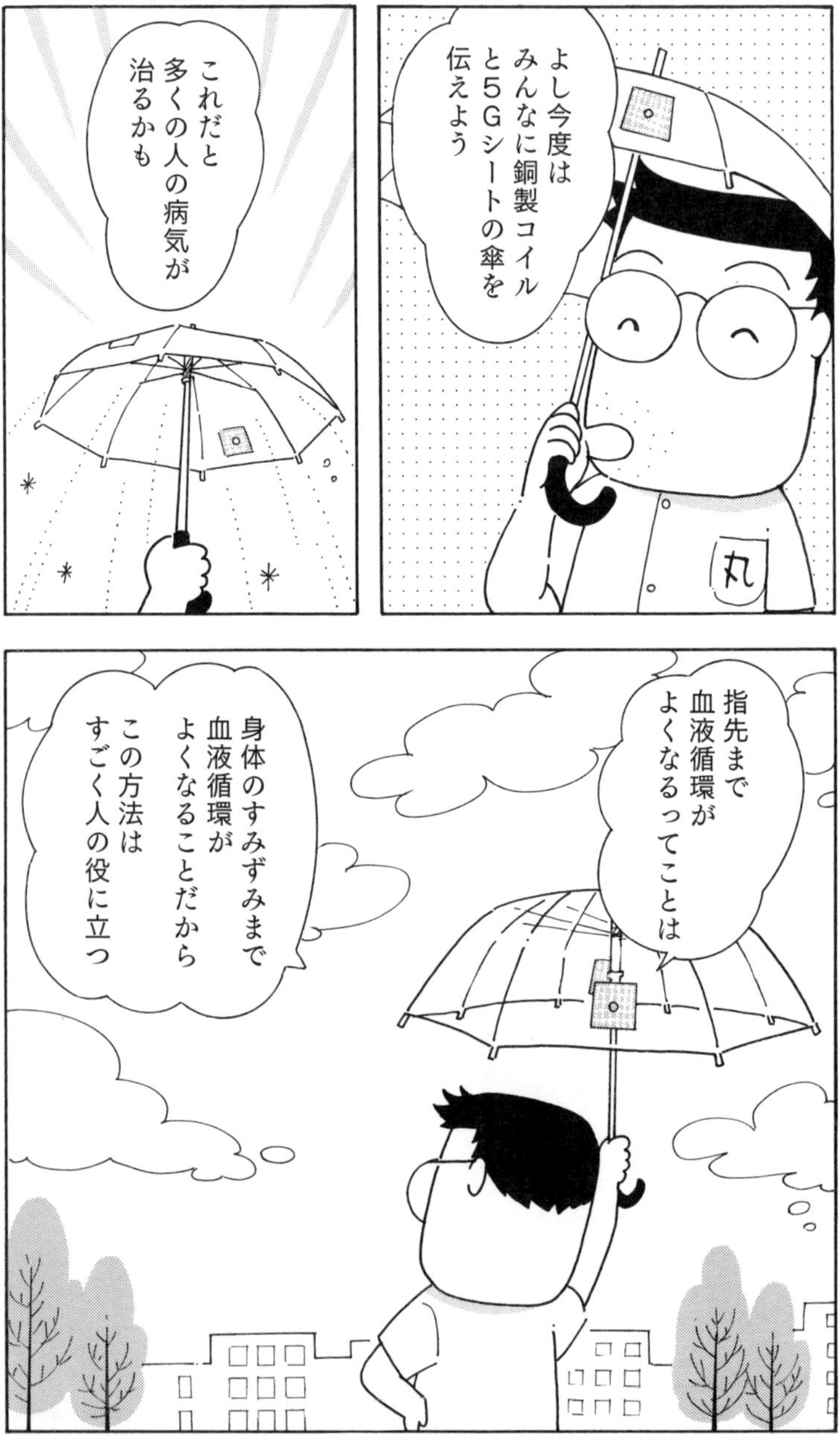
よし今度は
みんなに銅製コイル
と5Gシートの傘を
伝えよう
これだと
多くの人の病気が
治るかも
指先まで
血液循環が
よくなるってことは
身体のすみずみまで
血液循環が
よくなることだから
この方法は
すごく人の役に立つ
丸

わたしゃ困ったよ
どうしました
腰部脊柱管狭窄症があって足がしびれる
整形外科へ紹介状を書こう
整形外科では手術がいるってさ手術はイヤだ〜
内科 小児科 丸山アレルギ
どうしたらいいのか?
ダメもとで傘を使ってみよう傘の下にいて
丸

あれ
しびれない
よかったね
2週間後
内科 小児科
丸山アレルギークリニック
イエイ
よくなってるよ!
驚きだねえ
これすごいよ!!

血圧の薬はわりぃ～!!
でも勝手にやめるとあぶないよ
どうすんだよ～～!!
血圧 oh!モーレツ!
作戦あり
加工物や添加物を取りすぎない
保存料や添加物のリンに要注意
元素記号
P リン
新鮮な野菜や果物海藻をとる
肥満は一番いかんよ～
禁煙!!

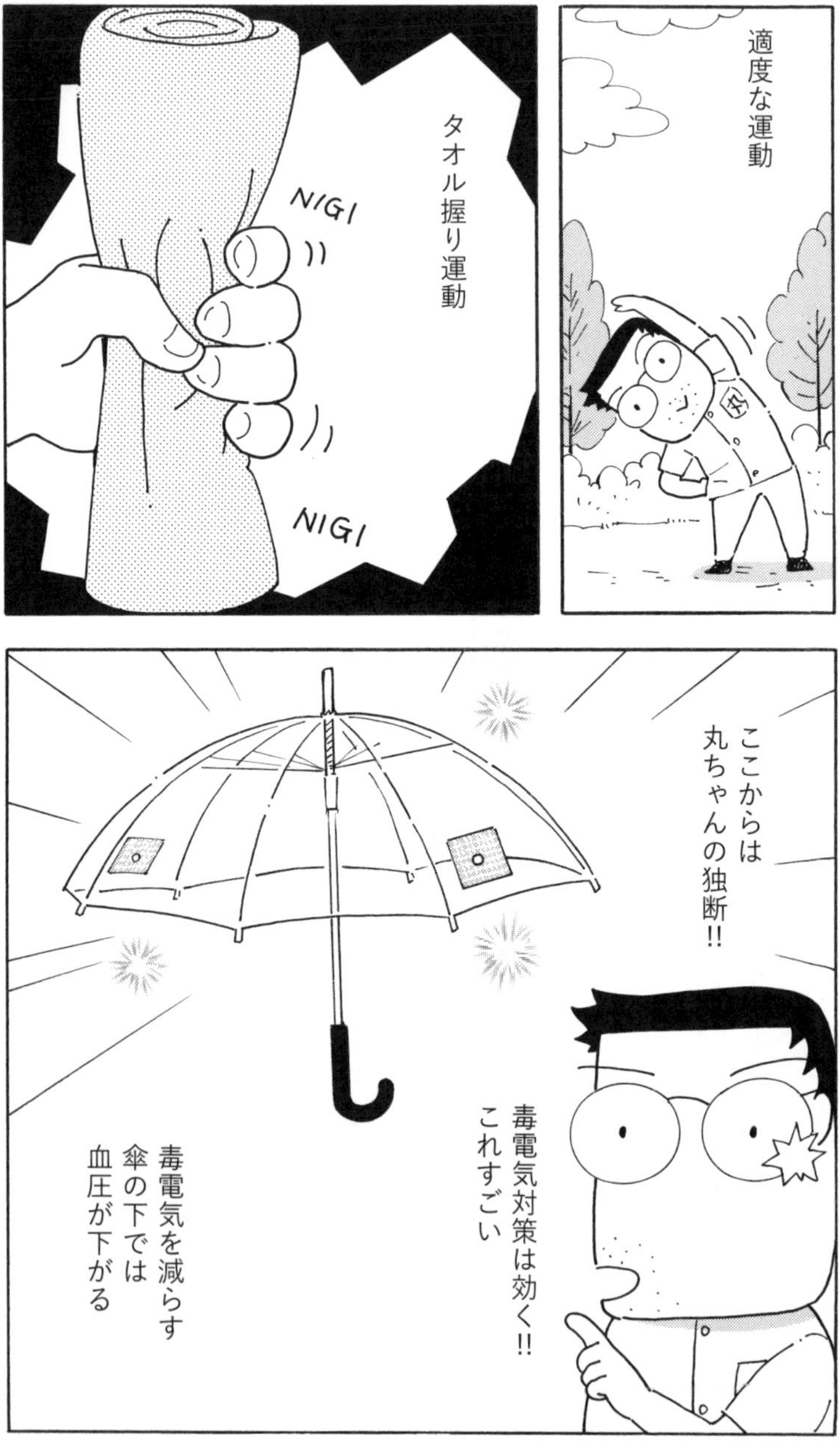
適度な運動
タオル握り運動
NIGI
NIGI
ここからは丸ちゃんの独断!!
毒電気対策は効く!!
これすごい
毒電気を減らす
傘の下では
血圧が下がる

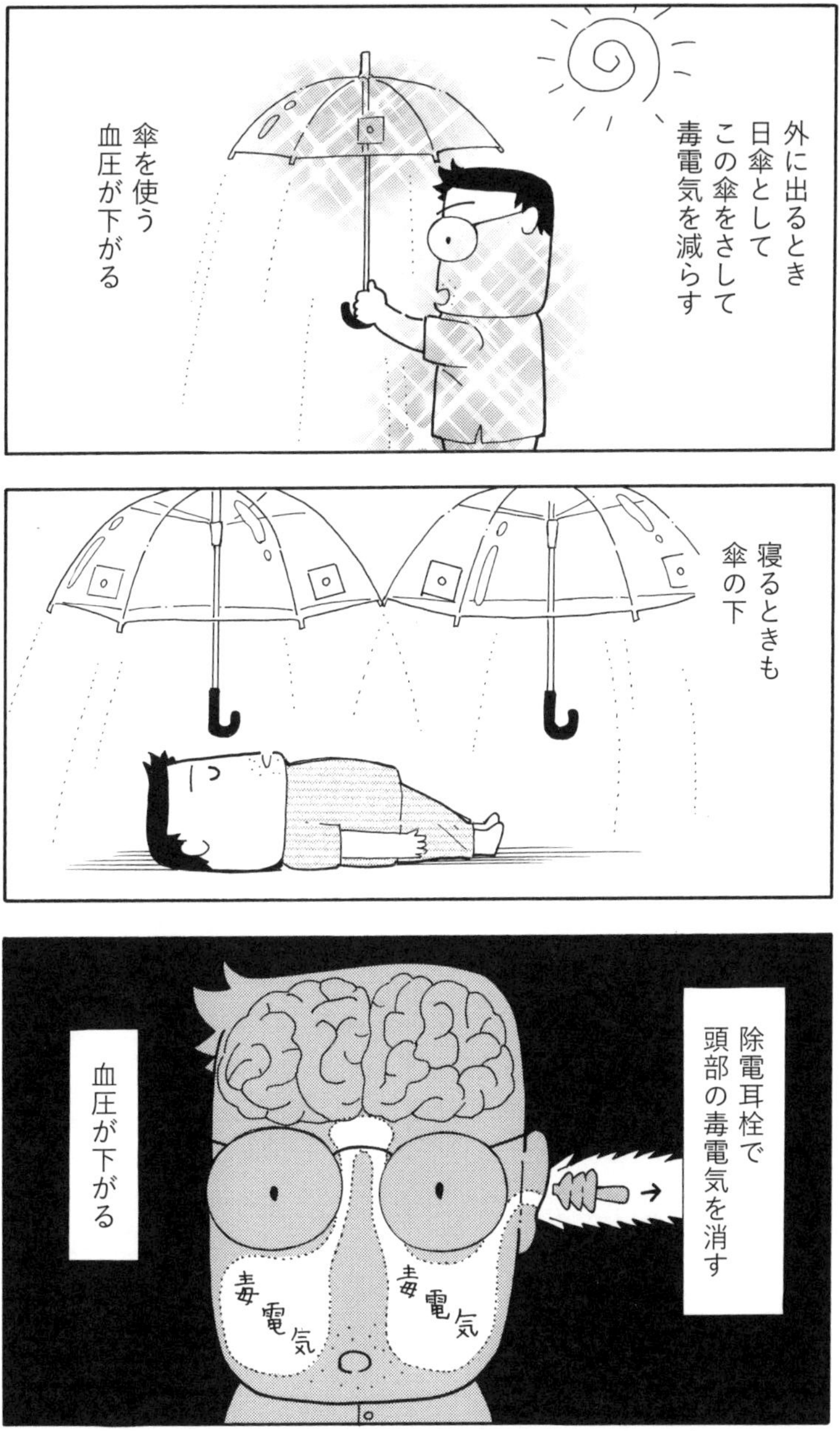
外に出るとき
日傘として
この傘をさして
毒電気を減らす
傘を使う
血圧が下がる
寝るときも
傘の下
除電耳栓で
頭部の毒電気を消す
血圧が下がる
毒電気
毒電気

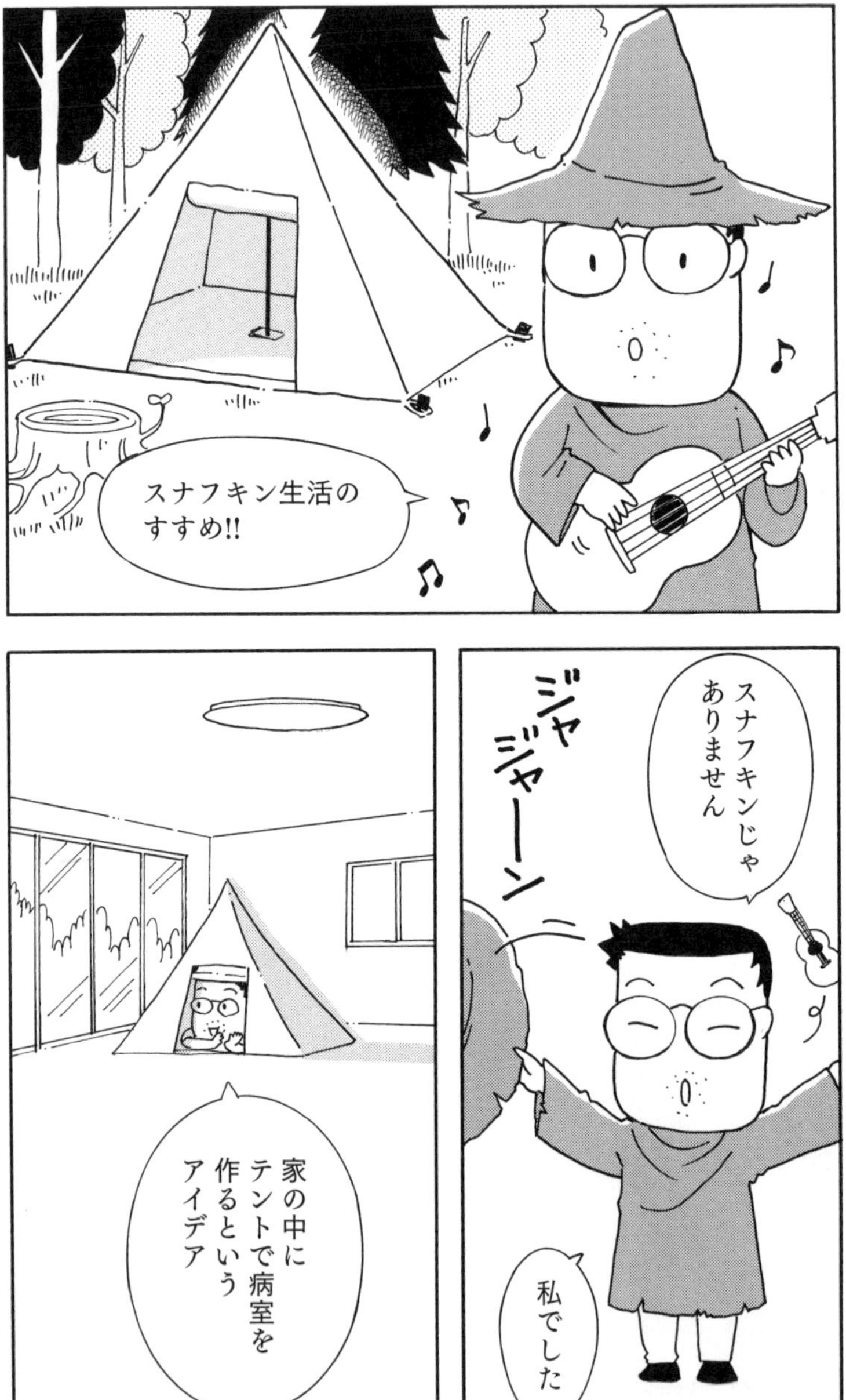
スナフキン生活の
すすめ!!
ジャ
ジャーン
スナフキンじゃありません
私でした
家の中にテントで病室を作るというアイデア

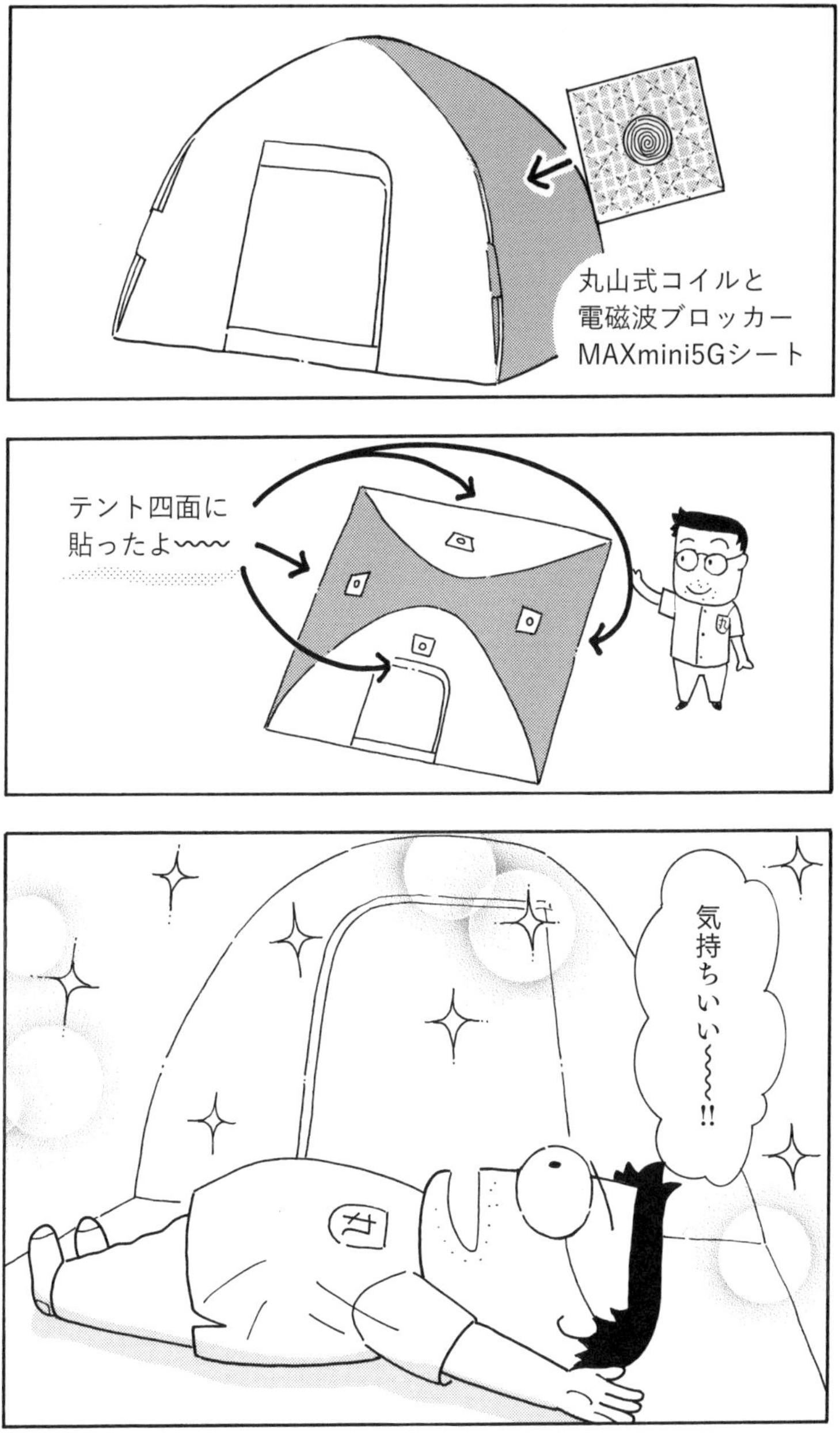
丸山式コイルと
電磁波ブロッカー
MAXmini5Gシート
テント四面に
貼ったよ〜〜
気持ちいい〜〜!!

column

傘治療を行った結果

・針で刺すような腰の痛みが消えた
・リウマチによる関節の痛みが半減し、腫れが引いた
・頑固な目のかゆみがなくなった
・気管支喘息、アトピー性皮膚炎などのアレルギー症状が改善された
・喘息の呼吸が楽になり、咳や痰がなくなった
・長年の頭痛が消えた
・身体の緊張がとれ、血圧が下がった
・頭のモヤモヤが消えた
・難聴が改善された
・生理痛が軽くなった
・目の難病・アズールで見えなかった目が見えるようになった
・イライラや不安、鬱々《うつうつ》とした気持ちが晴れた
・リラックスして、思わず眠ってしまいそうになった

etc.

column

傘治療Q＆A

Q：傘治療に使う傘の色や材質はどんなものがいいですか？

A：傘の素材は、布製よりもビニール製がお勧めです。また、親骨や中棒が金属のものを使ってください。色は、部屋が暗くならないように透明がお勧めです。

Q：どれくらいの時間、傘の下（あるいは中）にいればいいですか？

A：効きすぎる人もいるので、最初は二〇～三〇分から始めましょう。それを一日二～三回行います。慣れてきたら一日中でも大丈夫です。

Q：高圧電線が近くにあります。影響は受けますか？

A：受けることが多いです。高圧電線がある側に5G傘を三～六本置き、人体をしっかり守りましょう。

Q：5G傘は天候によって効果が変わりますか？

A：変わる場合があります。天候によってクスリ空間ができやすいときとできにくいときがあると考えられます。最初に効果が感じられないと思ったとしても、すぐにやめないで、毎日続けてみてください。

Q：先生のマンガ「丸山修寛の呟き」に、傘と服の肩の部分をワニグチクリップでつなぐとありましたが、これはどうしてですか？

A：5G傘はまわりの電波を集め、ノイズのない身体によい電気に変化させますので、つながなくても効果がありますが、5G傘と人をワニグチ（電線）でつなぐことによって、ノイズのない電気（クスリ電気）を直接身体に伝達することができるため、より効果的です。

Q：傘以外に使えるものはありますか？

A：テントや蚊帳、食卓カバーなども使えます。テントの場合は大きいのでシートとコイルを四セット貼るのがお勧めです。また、テントの中にアルミのシートなどを敷いて、そのアルミにもシートとコイルを四セット貼ると、空間とグラウンドの両方のアーシングにもなり、効果も倍増します。

第二章

世界は不思議で一杯なのだ!
不思議な療法さまざま

この世は不思議で一杯！

ある日、近所の神社に参拝《さんぱい》すると、人の姿をした神さまが座っていらっしゃることに気づきました。そのとき、私が神さまの存在に気づいたことが、神さまにもわかったようでした。

その神さまは私に、「神も人間も、この世界に来る前は同じもの（魂）だった」とテレパシーで伝えてきました。三次元である地球に降り立つ前は、神も人間もともに形はなく、どちらも意識をもった存在（魂）であり、この世界に降りてきたときに、形をまとわずそのまま神社に降り立ったのが神で、お母さんのお腹の中で形（肉体）をまとったのが人間だというのです。

そう考えると、神社に参拝して神さまを拝むように、自分の中の「神の部分」に手を合わせることは、とても大切なことだと思います。神社の本殿《ほんでん》の神さまをお祀《まつ》りするところに鏡が置いてあるのは、鏡に映った自分自身の「神の部分」を見なさい、ということなのではないでしょうか。

私たちは、私たちの中にある人間の部分だけで生きようとすると、なかなか目の前の現実を変えることはできません。人間としてできることには限界があるのです。しかし、自分が人間の姿をした神なのだと気づけば、人間以上の力を発揮することができますから、自分の中の神さまの助けを借りれば、人生が今まで以上にもっとうまく行き、喜びに満ちたものになります。

しかし、ほとんどの人は、自分の中に存在する「神の部分」に気づいていません。もし気づくことができれば、もっと自由に自分の望む現実を創造し、楽しむことができるのになあ、と私は思っています。

神社で落書きをしたり、石を投げたり、ゴミで汚したりすることは罰当《ばちあ》たりなことと考えられ、私たちは神聖な場所として、とても大切にしています。ところが身体はというと、大切にするどころか、暴飲暴食や働きすぎ、睡眠不足、不平不満など、悪影響を与えることをたくさんしています。いじめや暴力、虐待《ぎゃくたい》をして傷つけている人もいます。

もし、自分の中に神が宿っていると知っていたら、心も身体も大切にして、自分自身を卑下したり、他人を傷つけたりすることもなくなるのではないでしょうか。そして、世の中から病気が減り、世界中が平和になるにちがいないと思うのです。

医師である私は、病で苦しんでいる人々の中にある「神の部分」を目覚めさせることこそが真の医療の目標とすべきところだと考えています。

電子のスピンについて

末期ガンになっても治る人がいる一方で、早期のガンでも治らない人がいます。なぜなのでしょうか。

その原因の一つは、原子の構成要素である電子の動き方、電子のスピンの仕方によるものと考えられます。

物質を分けていくと、分子《ぶんし》→原子《げんし》→素粒子《そりゅうし》、そして、最終的には波になります。

人間の身体を分けていくと、臓器→細胞→分子、そして、極限まで分けていくと原子になります。原子は、原子核《げんしかく》と電子から成り、原子核のまわりを電子が回っていますが、このことを電子のスピンといいます。

電子が正しい方向にスピンしていれば、人は健康になります。逆に、電子のスピンが正常でない人は体調を崩したり、病気になったりします。

電子のスピンを正常に戻すことで病気を治す医学を、素粒子医学（量子医学）とい

電子のスピン

います。器官、臓器ではなく、もっと根源的な、これらを構成する最小基本単位である原子の異常を治すという医学です。

column

電子のスピンチェック

電子のスピンが正常か異常かは、ペンデュラム（振り子）を使えば、自分でも判断できます。手のひらにペンデュラムを下ろすと、しばらくすると回り始めますが、その振れる方向が「右回りであれば電子のスピンは正常」、「左回りであれば電子のスピンは異常」ということになります。

電子のスピンが正常であれば、病気や症状が快方に向かう可能性が高くなり、奇跡的な治癒も起こりえます。一方、スピンが異常を示す人は、ガンや難病の人が多く、現在、病気や症状がない人でも、そのまま放置しておくと、将来、病気になる可能性があります。

ところで電子のスピンが正常か異常かの判断はどうやるの？
それはねこれを使うんだよ
丸

column

電子のスピンを正常に戻す方法

どうすれば電子のスピンを正常に戻すことができるのでしょうか。
その方法はいくつかありますが、ここでは簡単に試せるものをご紹介します。

・カタカムナウタヒを唱える

カタカムナウタヒを唱えると、カタカムナの渦が電子のスピンを正常化させます。
また、正常化することで免疫力も上がります。

・クスリ絵を使う

クスリ絵を見る、触れる、身体に貼る。あるいは、クスリ絵を手に持って、「ありがとう。ごめんなさい。許してください。愛しています。」というホ・オポノポノの四つの言葉を唱えてみましょう。

・潜在意識に愛を注ぐ

「こうして生きているのは、潜在意識のおかげです。本当にありがとう。愛しているよ」と、ハートにいる潜在意識に愛を注ぎます。ホ・オポノポノの四つの言葉を言うのもお勧めです。

・**感謝する**

自分が感謝できる対象を思い出します。

両親、家族、ご先祖さま、友人、お世話になった人……、これまでご縁のあった人たちへの感謝はとくに大切です。この人たちのおかげで自分が生きてこられたという感謝の気持ちを心のノートに書きましょう。

＊実際にノートに書くのもお勧めです。

自分にとって都合の悪い人、相性のよくない人にも、「生かしていただいてありがとうございます」と感謝するのも大切なポイントです。

・**アマテラス**

アマテラスという言葉は宗教ではありません。アマテラスとは私たち自身のことで、私たちの内側で広がるものです。

カタカムナでは、アマとはアマ始元量を表します。アマ始元量とは、私たちの身体を構成する最小単位である素粒子のことです。アマテラスという言葉は、自分の身体の素粒子に光を与え、身体を構成するすべての素粒子が活性化することを表します。

自分がアマテラスオホミカミさまや先祖によって生み出され、今、こうして生かされていることの感謝をしましょう。

生かしていただきありがとうございます
感謝

高次元カタカムナ
第5首 - 正

高次元カタカムナ
第6首 - 正

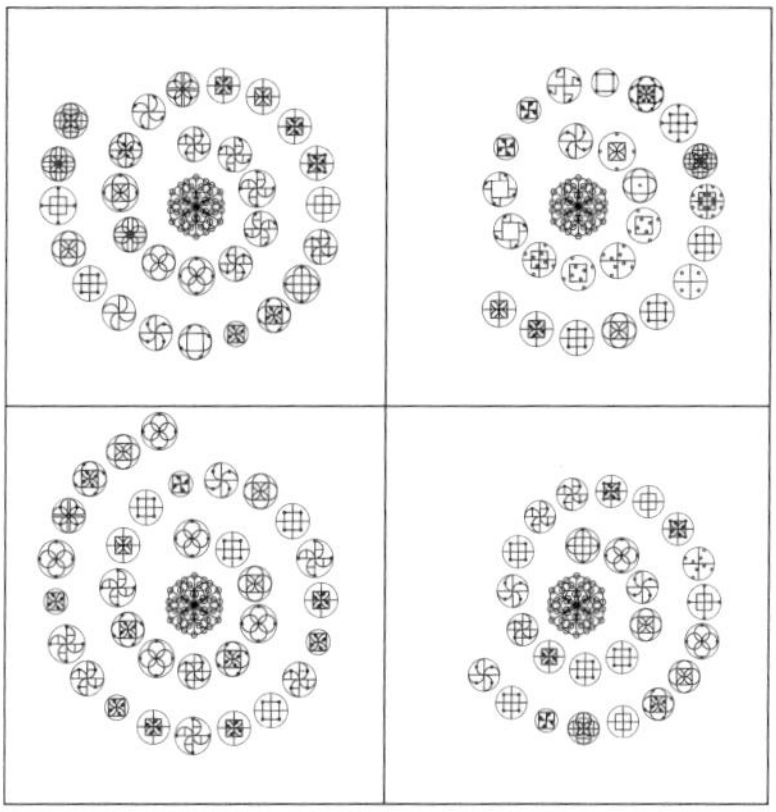

高次元カタカムナ
第7首 - 正

高次元カタカムナ
第8首 - 正

高次元カタカムナ第五〜八首

家中の電子のスピンを正常にするクスリ絵

魔法みたいな奇跡の言葉　カタカムナ

カタカムナの研究を始めて二〇年以上になります。どうすれば皆が健康でいられるかを切実に考えるなか、インスピレーションを通してカタカムナの知恵が降りてくるようになりました。そこで、私のクリニックに来られる患者さんにカタカムナ治療を実践したところ、元気になる人が格段に増えたのです。

カタカムナというのは、上古代と呼ばれる一万二〇〇〇年以上前に使われていたといわれる言葉で、次ページのような線と円のシンプルな要素で作られています。このカタカムナ文字を使っていた人をカタカムナ人と私は呼んでいるのですが、カタカムナ人は、現代人よりも感覚や能力が格段に発達していて、宇宙や原子の真空の中に発生する素粒子が見えていたのではないか、その素粒子の形をそのまま文字にしたのがカタカムナではないか、と私は考えています。

このカタカムナを発見したのは、楢崎皐月《ならさきこうげつ》という科学者です。一九四九年に兵庫県

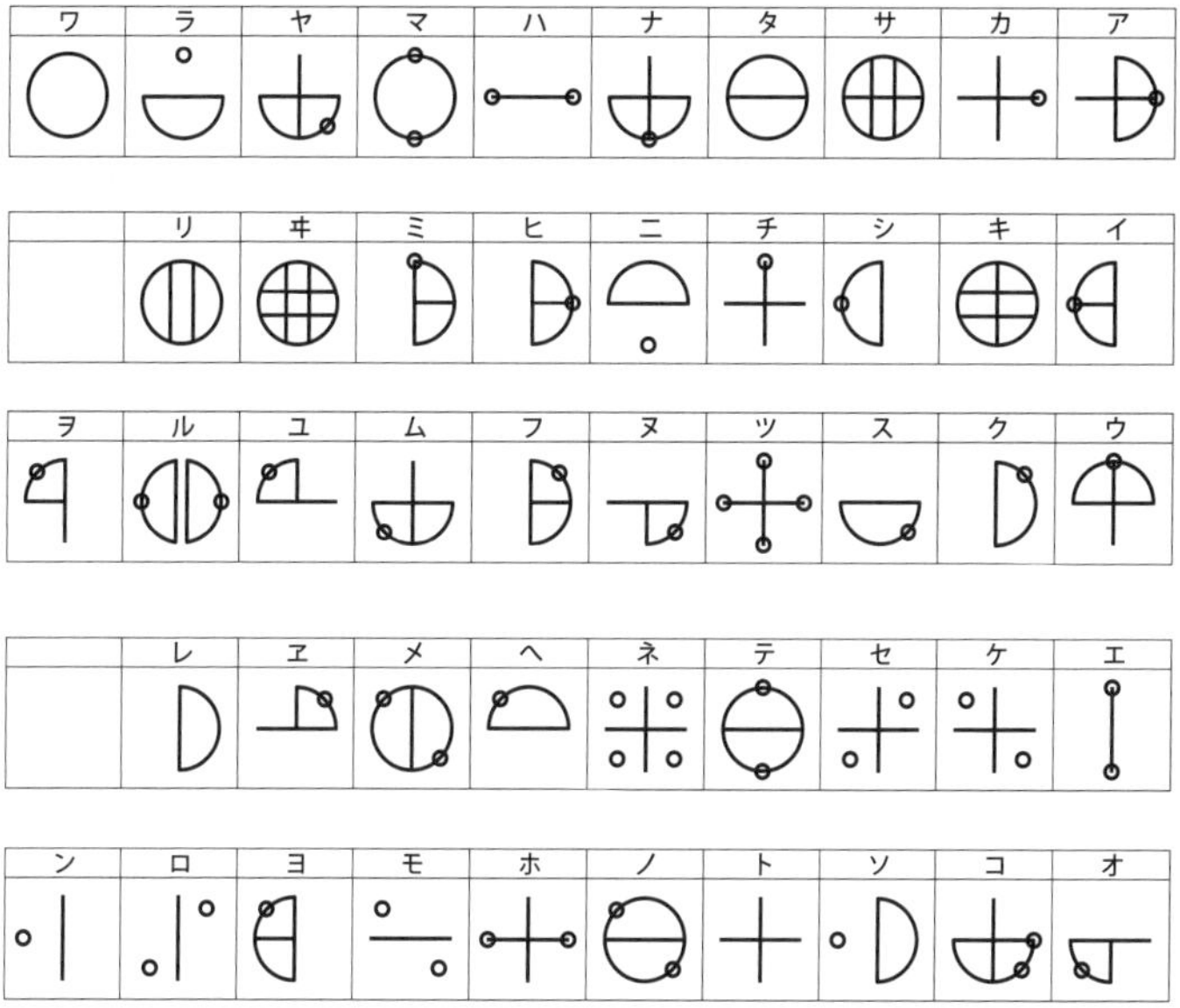

カタカムナ文字48音図

の六甲山系《ろっこうさんけい》の金鳥山《きんちょうざん》で科学の研究として大地電気の測定をしていたときに、平十字《ひらとうじ》という猟師から「動物たちが困っているから、その測定をやめてほしい」と頼まれます。それを受けて、すぐに測定を中止したところ、そのお礼にと、不思議な巻物を見せられます。

その巻物はカタカムナ神社の御神体《ごしんたい》であり、見ると目がつぶれるほどのものだということでした。平十字の父親はカタカムナ神社の神主でした。

その巻物に書かれていたのは、円と直線が書かれた幾何学的な文字らしきものでした。しかも、それらは右回りの螺旋《らせん》状。これを見たとき、神代文字の八鏡文字（上古代の日本に存在した高度な文明をもつ種族によって作られた文字）に似ていると思った楢崎皐月は、頼み込んで巻物を借り、急いで正確に書き写したといいます。この書き写した原書がカタカムナ文献と呼ばれるもので、このことが、カタカムナの存在が世に知られるきっかけとなりました。

このカタカムナ文献は、その強大な力ゆえに、「神」とあがめた超存在と誰でも簡単にアクセスできる方法が書かれたものです。

私はこのカタカムナを読み解くうちにその内容のすごさを知り、カタカムナを活用する「カタカムナ療法」に夢中になりました。カタカムナを書いた紙や布を患者さんの身体に当てたり、患者さんに向かって、後述するカタカムナウタヒを詠《よ》んだりすると、痛みが消えたり、アトピー性皮膚炎のかゆみがおさまったりしたからです。頭痛や肩こり、腰痛といった症状であれば、薬を使うより簡単に症状が消えたりもしました。布や紙に書いた文字で症状が消えるなんて、と思われるかもしれませんが、現実にそんな現象が次々に起きたのです。

私たち日本人は、神社のお札を神棚にお祀りしますが、それは、文字が書かれたお札に力があることを知っているからではないでしょうか。カタカムナを書いた紙を身体に当てることで効果が得られるのも、それと同じことだと考えられます。

カタカムナは、御神体として祀られていたものですから、そのままでも人を癒す奇跡的なパワーがあります。

このカタカムナに関して、私は不思議な体験をしました。

治療に使ったとき、患者さんの周囲にブラックホールのような球体が突然現れ、いろいろな症状をのみ込み始めたのです。頭痛や腰痛、風邪といった症状だけではなく、ときには、ガンの転移による痛みまで、驚くほど変化したケースもありました。はじめは自分でも信じられなかったのですが、私を中心にして、二・五mほどの目に見えない球体（ミスマルノタマ）が現れたのです。その後も、詠むたびにその不思議な球体が現れ、身体が熱くなったり、手や指先がジンジンしたりしてくるのです。

患者さんにこの球体の中に入ってもらうと、最初は身体が熱くなり、その後、症状が取れてゆきます。すべての患者さんの症状が取れるわけではありませんが、かなりの確率で改善され、すぐには治らない場合であっても、だんだん楽になり、元気になってゆくのです。カタカムナを詠むことによって高次元のエネルギーを取り入れることができ、その結果、私たちの身体に修復が起こると考えられます。

現在の日本の法律では、カタカムナを「医療」として提供できるのは医師だけですが、私はこれまでの研究や患者さんへの臨床結果から、カタカムナを、誰もができる健康法として、多くの人に知ってもらいたいと思っています。

column

カタカムナウタヒ

第五首：ヒフミヨイ　マワリテメクル　ムナヤコト
アウノスヘシレ　カタチサキ

第六首：ソラニモロケセ　ユヱヌオヲ
ハエツヰネホン　カタカムナ

第七首：マカタマノ　アマノミナカヌシ
タカミムスヒ　カムミムスヒ　ミスマルノタマ

＊ヱは、エの旧文字、ヰはイの旧文字です。読みは、「エ」、「イ」となります。

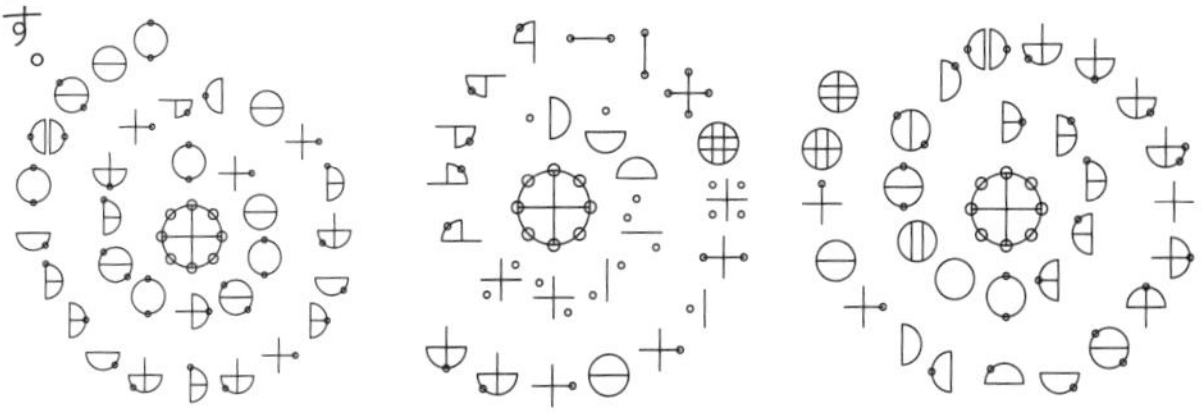

病気の完全な治療法はどこにある？

私たちが生きている三次元《さんじげん》世界の医学で、治らない病気があるのはなぜなのか。それは、病気の完全な治療法が、この三次元世界にはないからだと私は考えています。ただし、治療法の半分だけはあるので、たとえばガンであれば、半分の人が治り、半分の人が治らず命を落とすのではないかと考えているのです。

では、完全な解決法はどこにあるのか。それは、四次元以上の高次元の世界（四次元世界以上の高次元世界をまとめて四次元世界とここでは呼ぶことにします）にあるのではないでしょうか。

だとすれば、病気を完全に治すためには、四次元世界からの力を借りる必要があります。

私はカタカムナ文字を解読していく中で、カタカムナ文字には、三次元世界の空間に四次元世界の空間を誘導《ゆうどう》する働きがあること、その四次元世界の力やエネルギーは、現代医学を凌駕《りょうが》するほどの効果を示すことを確信しました。といいますのは、カタカムナ文字やカタカムナウタヒを使って自分や患者さんの周囲に高次元の空間を誘導し、患者さんの症状を消したり、病気を治したりする体験を数多くしているからです。こうして四次元世界のエネルギーで人を治す体験をしてはじめて、四次元世界の存在と力が腑《ふ》に落ちました。

三次元世界にいる私たちが一枚の紙（二次元世界）を見ると、紙を上から見下ろすことになるので、そこに書かれていることは丸見えです。同じように、四次元世界から三次元世界を見たら、そこにいる私たちのことはすべてわかります。ということは、四次元世界から見れば、三次元世界で起こっている病気の原因や解決法はすっかりお見通しということになります。

私は以前から、未来の発達した科学や医学を利用することができれば、病気の治療法はガラリと変わると考えていましたが、それがカタカムナを利用することで可能になるのではないかと思っています。

カタカムナウタヒ

カタカムナ人がカタカムナ文字で自分たちの知識や文化を記したものをカタカムナウタヒといいます。

カタカムナウタヒは八〇首あり、これらはみな、五・七・五・七調で、和歌に似たリズムを持っています（なかには字余りもあります）。しかも、このカタカムナウタヒには、宇宙の仕組みや量子力学、生命の仕組み、病気の治し方、農業のことなど、驚くべきことが書かれています。

たとえば、第五首の「ヒフミヨイ・マワリテメクル・ムナヤコト・アウノスヘシレ・カタチサキ」の意味を読み解いてゆくと、カタカムナのすごさがわかります。

「ヒフミヨイ」は、一・二・三・四・五を意味し、「ムナヤコト」は、六・七・八・九・十を意味しますが、わざわざ真ん中に「マワリテメクル」という句が入っているのは、イ（五）とム（六）の間で渦の回転方向が変わり、「ムナヤコト」の見えない世界と交流が行われることを意味します。

また、その中心にはヤタノカガミという図形があり、それを取り巻くようにカタカムナ文字が右回りの渦を描くように書かれていますが、この第五首のパワーは強大です。

カタカムナ、カタカムナウタヒについて、詳しくは拙書『奇跡が起こる　カタカムナ　生命《いのち》の書　図像集2』（本田印刷株式会社出版部）、『魔法みたいな奇跡の言葉　カタカムナ』（静風社）をお読みいただければ、と思いますが、八〇首あるカタカムナウタヒの中でも、対をなす第五首と第六首、第七首は強力で、この三首を唱えると、ミスマルノタマが現れます。そして、この中では、不快な症状が消えたり、身体がぽかぽかしたり、ときには奇跡的な変化が起きることもあります。

カタカムナ人は、カタカムナを医療にも使っていたのではないでしょうか。彼らがカタカムナ文字やそれを渦巻き状に書いたカタカムナウタヒを詠むと、素粒子レベルで身体が癒され、その不思議な癒しによって、病から解放され、健康な生活を送ることができていたのではないかと、私は考えています。

この三首は、意味がわからなくても、ただ詠むだけでも身体は確実に変化します。

続けて詠み上げると、「私」という顕在意識と、潜在意識、無意識の三つの意識が三位一体《さんみいったい》となり、潜在意識や無意識が、全面的に「私」の味方となって働き始めます。

自分の病気を治す手立てとして、カタカムナウタヒの第五首と第六首、第七首を、声に出すか、または心の中で唱えるようにするのもいいと思います。

次ページにカタカムナウタヒの三首を紹介していますので、続けて詠んでみてください。

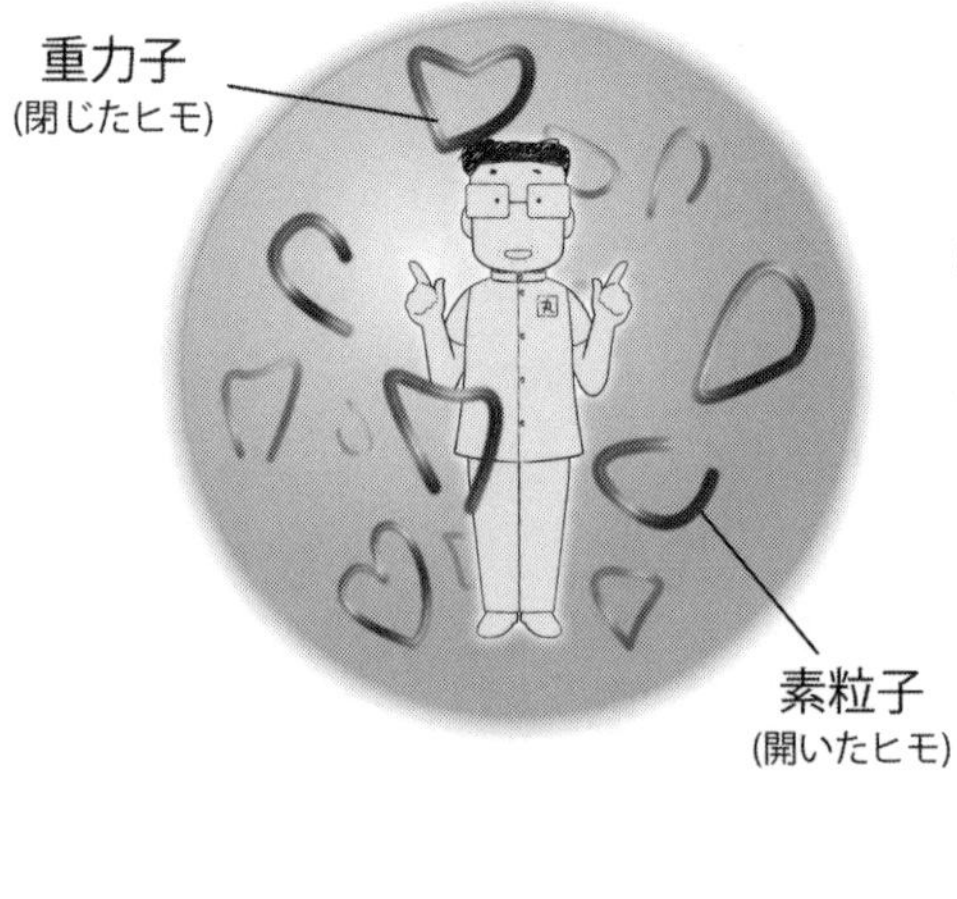

column

カタカムナウタヒ　第五、第六、第七首の詠み方

私は基本的に、両手の人差し指を天に向かって立てて、カタカムナの第五首、第六首、第七首を続けて詠みます。

人差し指を立てるのは、人差し指がアンテナのような役目をするからです。

こうしてカタカムナを詠むと、手に微細《びさい》な振動が伝わってきて、立てた人差し指を中心に、ミスマルノタマという高次元空間が出現します。身体が揺れたり、勝手に動き始めたりすることもあります。

うまくいかないという人は、自分だけでやろうとしないで、潜在意識と一緒にやっているつもりでお試しください。

ヒフミヨイ　マワリテメクル　ムナヤコト　アウノスヘシレ　カタチサキ

ソラニモロケセ　ユヱヌオヲ　ハエツヰネホン　カタカムナ

マカタマノ　アマノミナカヌシ　タカミムスヒ　カムミムスヒ　ミスマルノタマ

column

カタカムナウタヒ　実践のポイント

・カタカムナウタヒを詠んでも、今ひとつ症状に変化がない場合

症状のある部分をはっきりさせる意味で、両手の人差し指を、病気や症状のある場所にあてがってみてください。こうすることで意図がはっきりし、変化が表れやすくなります。

たとえば頭痛がある場合、額に両手の人差し指をあてがいます。また、身体全体に痛みがある場合は、両手で自分の身体を抱きしめるようにして詠んでください。

・無私と感謝

カタカムナ療法は、カタカムナウタヒを唱えたり、カタカムナのさまざまな図像を貼るだけで誰でも実践できますが、コツがあります。

ひとつは、無私になることです。自分で治そうとする気持ちも、治してもらいたいという気持ちも必要ありません。自分は、カタカムナ療法を行っているだけの存在にすぎない。自分は、それが行われているのをただ見ているだけである。痛みが消えても、その場面を見ている目撃者にすぎない。そんなふうに無私になることが大切です。

自我が介入すると、カタカムナ療法の邪魔になってしまうのです。

もうひとつのコツは、感謝です。

神さま（自分を生かしてくださっている大いなる存在のこと）からすべてをいただいているという気持ち、生きていくだけのお金も、住むことのできる家も、日々の食事も、空気も、光も、すべていただいている。これ以上、神さまからいただくものは何もない。こんなに十分にしていただいて、ありがとうございます、という感謝の気持ちが大切です。

十言神呪《とことのかじり》

十言神呪とは「ア・マ・テ・ラ・ス・オ・ホ・ミ・カ・ミィ」の十の言葉を十回唱えることです。

ア・マ・テ・ラ・ス・オ・ホ・ミ・カ・ミィ　ア・マ・テ・ラ・ス・オ・ホ・ミ・カ・ミィ　ア・マ・テ・ラ・ス・オ・ホ・ミ・カ・ミィ　ア・マ・テ・ラ・ス・オ・ホ・ミ・カ・ミィ　ア・マ・テ・ラ・ス・オ・ホ・ミ・カ・ミィ　ア・マ・テ・ラ・ス・オ・ホ・ミ・カ・ミィ　ア・マ・テ・ラ・ス・オ・ホ・ミ・カ・ミィ　ア・マ・テ・ラ・ス・オ・ホ・ミ・カ・ミィ　ア・マ・テ・ラ・ス・オ・ホ・ミ・カ・ミィ　ア・マ・テ・ラ・ス・オ・ホ・ミ・カ・ミィ。

私たちは皆、「ア・マ・テ・ラ・ス・オ・ホ・ミ・カ・ミィ」という言霊《ことだま》素粒子でできており、それを受け取って生命を動かしています。ですから、「ア・マ・テ・ラ・ス・オ・ホ・ミ・カ・ミィ」という言霊を唱えるだけですべてが整うのです。

もっと深く知りたい方には『二十一世紀の惟神の道　十言神呪　神・最高品性に至る三本の道・霊祭道』（石黒豊信著　宮帯出版社）という本をお読みになることをお勧めしますが、この中には十言神呪の組み立て、病気治しや開運、幸運はもとより、自分の中の神性を神にまで昇華する方法と意義が書かれています。これを理解し、それに沿った生き方をすれば、自分がなぜ生まれてきたのかまでわかり、病気、不幸、不運など、現世における問題は大したことではないと思えてくるほどです。

この十言神呪は、ただ行うだけでも、生き方や考え方、価値観の変化などが起こるのですが、「ア・マ・テ・ラ・ス・オ・ホ・ミ・カ・ミィ」の一つ一つの言葉には、真澄洞《しんちょうどう》（正式名称は霊祭道《れいさいどう》　三統義《さんとうぎ》　真澄洞）の創立者である門田《かどた》博治《ひろし》さんを通じて天から降ろされた神歌があり、これが本当にすごいのです。

これを詠むだけで祈りになり、奇跡ともいうべき変化が必ず起こります。この神歌は、絶対に埋もれさせてはいけないと思います。この神歌を詠むだけで、登校拒否の子どもが一か月足らずで学校に行くようになったという報告もいただいています。

column

神歌

ア＝天照《あまて》らす御《み》親《おや》の神《かみ》の大調和《みすまる》の　生命《いのち》射照《いて》らし宇宙《くに》静《しず》かなり

マ＝まることは大《おお》きさざめの極《きわ》みなり　まこと開《ひら》きて極《きわ》みなきなり

テ＝照《て》る月《つき》の映《うつ》りてまどか池《いけ》にあり　など波風《なみかぜ》に砕《くだ》けけるかも

ラ＝蘭《らん》の香《か》の貴《とうと》かりけるおのがじし　花《はな》も葉《は》も根《ね》もいそしみてあれば

ス＝統《す》ゆみほゆ光かかふるすめろぎの　御代《みよ》開《ひら》けてぞ永遠《とわ》に安《やす》けき

オ＝大《おお》いなる我悟《われさと》りなばこの身《み》われ　生《な》り成《な》り続《つづ》くは誰《た》が為《ため》にこそ

ホ＝ほのぼのと朝霧《あさぎり》の立つ深山路《みやまじ》に　母恋《ははこ》ふ雉子《きぎす》の啼《な》く声《ね》愛《かな》しも

ミ＝みそそぎの聖《きよ》き心《こころ》を保《たも》ちてぞ　まことの神《かみ》は顕《あら》はるるなれ

カ＝輝《かがや》きは照《て》り徹《とお》らせり天津日《あまつひ》の　奇《くす》しくもあるか優《やさ》しくもあるか

ミィ＝見《み》はるかす朝日《あさひ》あまねき碧御空《あおみそら》　星影《ほしかげ》のはや見《み》えずなりけり

＊神棚を祀ってあれば、その前でこの神歌を詠んでみてください。そうするだけで御神気に包まれます。

＊『二十一世紀の惟神の道　十言神呪　神・最高品性に至る三本の道・霊祭道』（石黒豊信著　宮帯出版社）

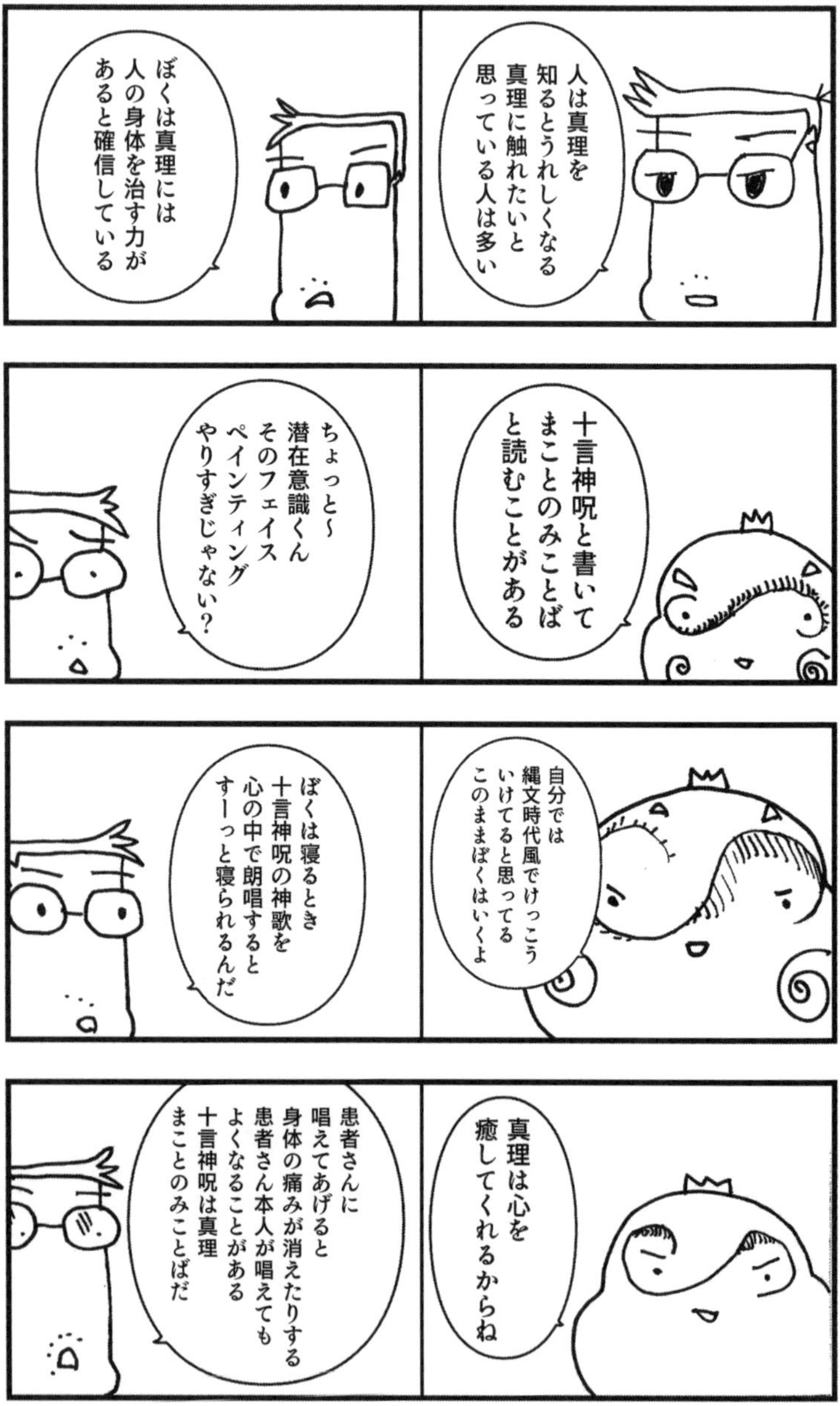

＊第二章のマンガは、丸山修寛先生による直筆マンガです。貴重なマンガをお楽しみください。

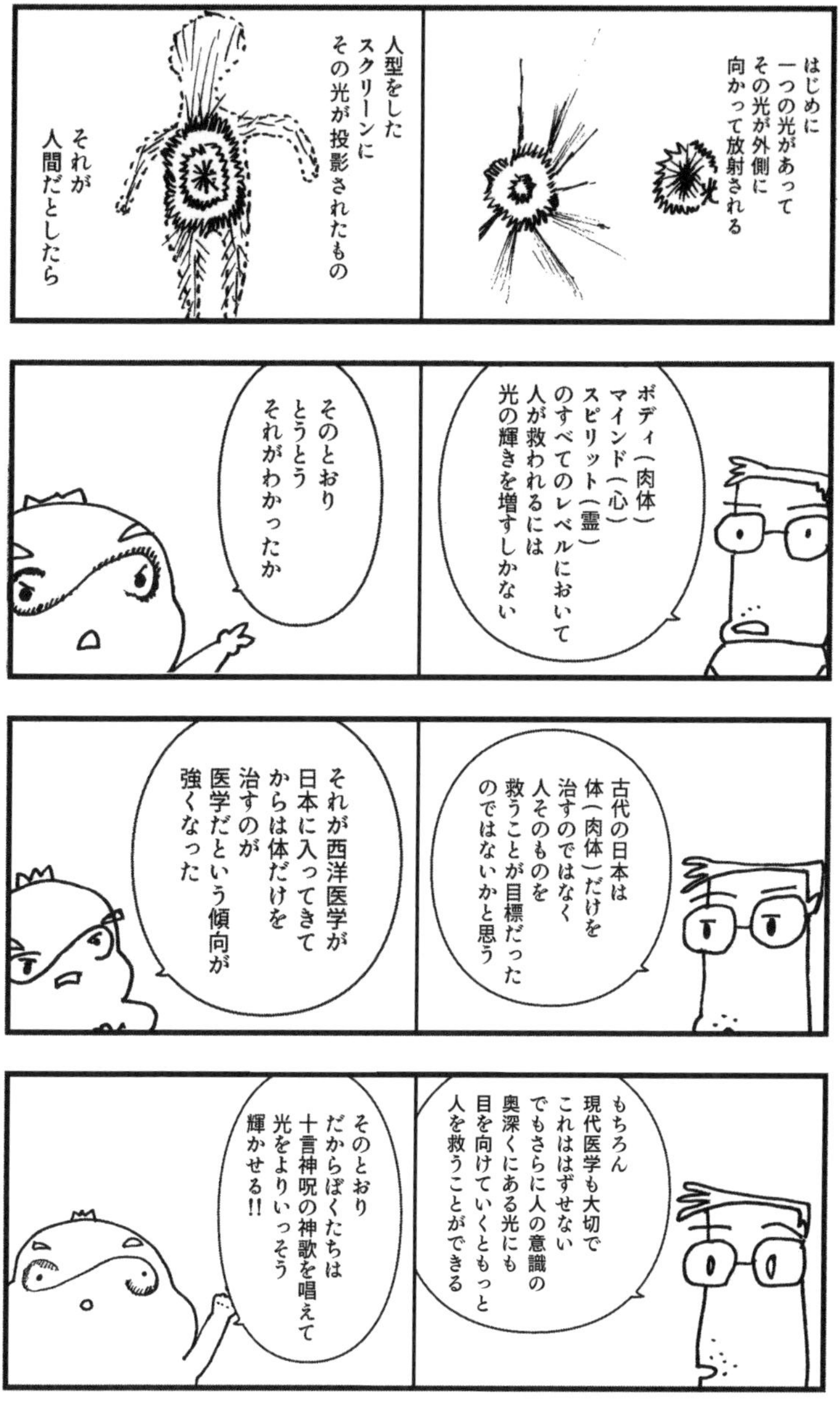
はじめに一つの光があってその光が外側に向かって放射される
光
人型をしたスクリーンにその光が投影されたもの
それが人間だとしたら
ボディ（肉体）マインド（心）スピリット（霊）のすべてのレベルにおいて人が救われるには光の輝きを増すしかない
そのとおりとうとうそれがわかったか
古代の日本は体（肉体）だけを治すのではなく人そのものを救うことが目標だったのではないかと思う
それが西洋医学が日本に入ってきてからは体だけを治すのが医学だという傾向が強くなった
もちろん現代医学も大切でこれははずせないでもさらに人の意識の奥深くにある光にも目を向けていくともっと人を救うことができる
そのとおりだからぼくたちは十言神呪の神歌を唱えて光をよりいっそう輝かせる!!

人生で最も大切なことは表面的な自己や価値を超えた「本当の自分」「真我」に気づくこと
自分を本当に幸せにしてくれるのはこの気づきだから私がこの世に生まれてきた理由がそれだから
ではいったい本当の自分とはどういったものなのか
その問いに対する答えに私たちを導いてくれるものが「十言神呪」だ
十言神呪
この本には私たちが「本当の自分」に気づくための方法がはっきりと書かれている
さらにこの本にある神々は私たちが「本当の自分」に気づくためにサポートしてくれる
十言神呪はそのようなすばらしい本なので多くの人がお手元に置かれるよう願っております
私も皆さんが十言神呪をしっかりと理解できるようサポートしていきたいと思っています

十言神呪には哲学が書かれているよ
十言
哲学かぁ……ちょっと難しそうだなぁ
そんなことないよ全然難しくないよ
哲学とは頭の中で考える合理的な考えのことを言う
それならわかりそう
十言神呪には非常に哲学的な神呪が沢山ある
どれどれ
一番目の誠《ま》字《じ》神呪《かじり》 六番目の大《お》字《じ》の神呪《かじり》
最後の体《みい》字《じ》の神呪《かじり》！
この三つは純粋に哲学的な神呪なんだ
ぼく大《お》字《じ》の神呪が一番好き！
大字
ぼくも大字の神呪が好きだよ
大《お》字《じ》観法《かんぽう》には人とは何かが書かれている
「大いなる我悟《われさと》りならばこの身われ、生《な》り成《な》り続《つづ》くは誰《た》が為《ため》にこそ」という神呪だよね

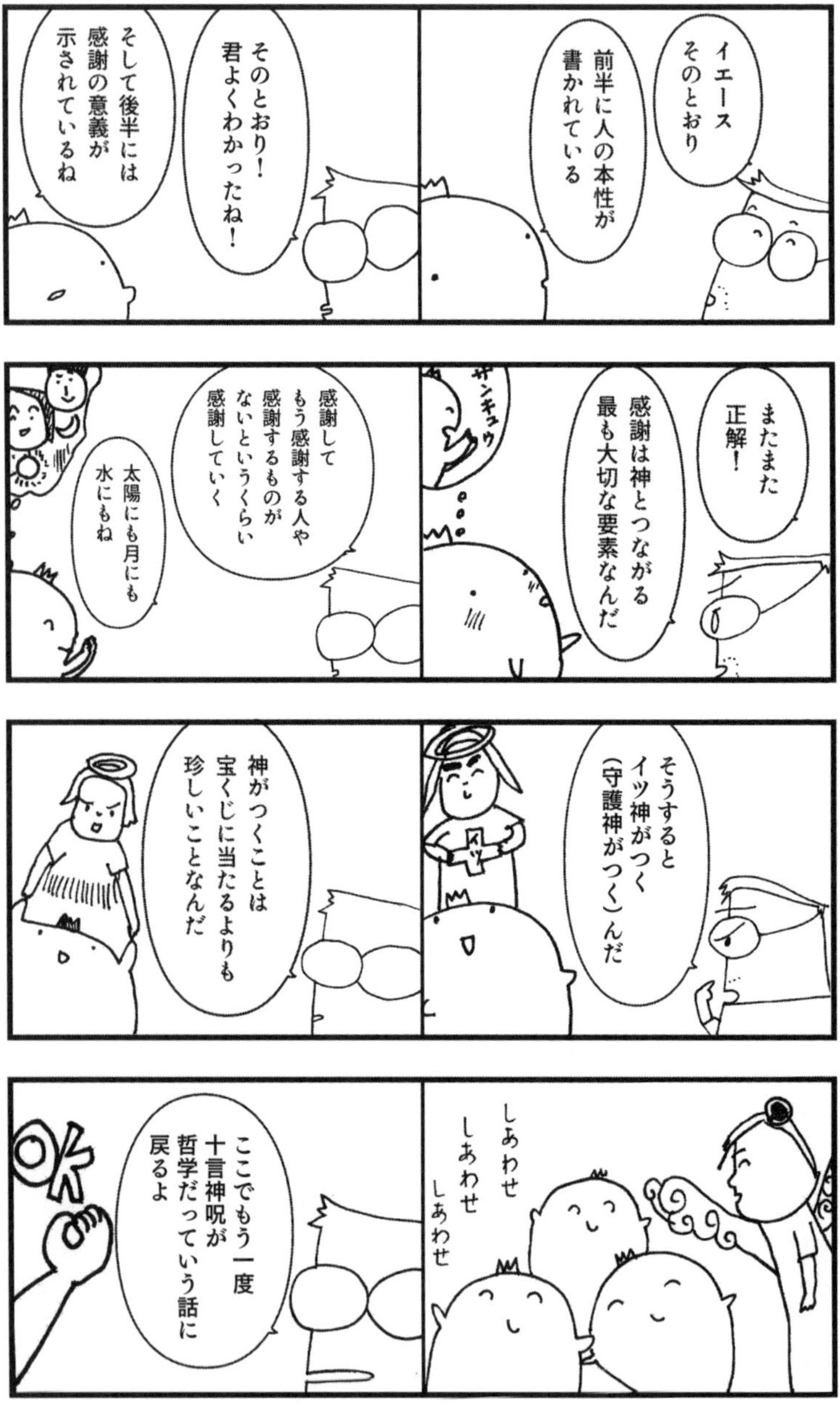
イエース
そのとおり
前半に人の本性が書かれている
そのとおり！
君よくわかったね！
そして後半には感謝の意義が示されているね
またまた正解！
感謝は神とつながる最も大切な要素なんだ
サンキュウ
感謝してもう感謝する人や感謝するものがないというくらい感謝していく
太陽にも月にも水にもね
そうするとイツ神がつく（守護神がつく）んだ
イツ
神がつくことは宝くじに当たるよりも珍しいことなんだ
しあわせ
しあわせ
しあわせ
ここでもう一度十言神呪が哲学だっていう話に戻るよ
OK

十言神呪は神さまが降ろしたものだから何も考えずにただ信じなさい……ということを十言神呪は言ってはいない
一人一人がしっかりと合理的に考えて十言神呪をしてみてねって書いてある
それってすごいよねこれまでの宗教とは違う
そもそも十言神呪は①専属の神主を置かない②道場をつくらない③十言神呪の神さまに奉仕する者は他に仕事を持った者でなくてはいけない……らしい
だから十言神呪は宗教にならないんだ
たしかにそれじゃ宗教になりっこないね
どんな宗教でも人が集まると優劣、上下関係ができてしまう
それってイヤだよね悟った人と悟らない人ができちゃうよね
教祖みたいなのがいて教祖が言うことは絶対ってのもイヤだよね
同感!
宗教に入らないと神さまとつながれないわけでもないし
たしかに
十言神呪のよい所は人と神が一対一でつながることができることだよ
イエス!
神

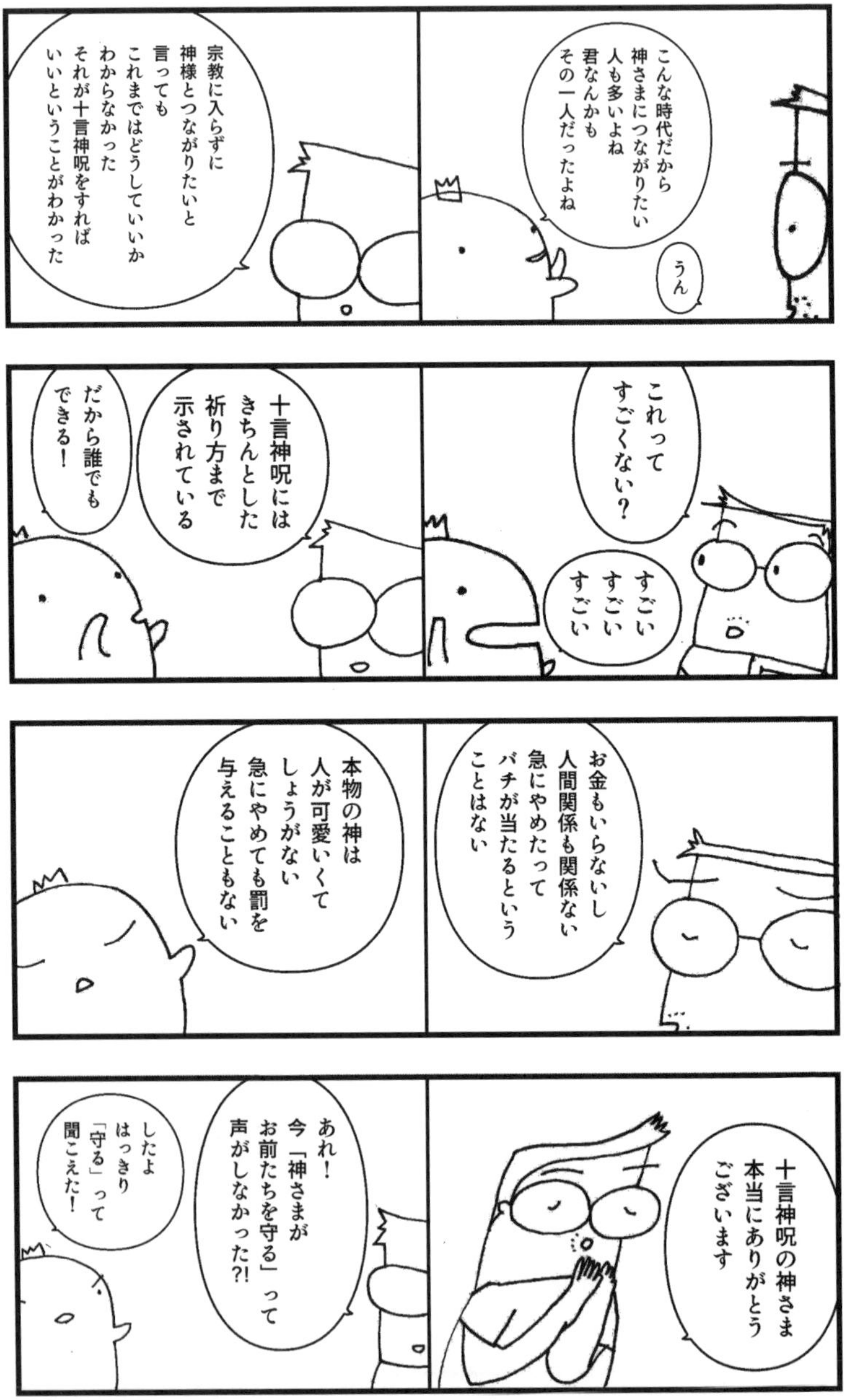
こんな時代だから神さまにつながりたい人も多いよね君なんかもその一人だったよね
うん
宗教に入らずに神様とつながりたいと言ってもこれまではどうしていいかわからなかったそれが十言神呪をすればいいということがわかった
これってすごくない？
すごいすごいすごい
十言神呪にはきちんとした祈り方まで示されている
だから誰でもできる！
お金もいらないし人間関係も関係ない急にやめたってバチが当たるということはない
本物の神は人が可愛いくてしょうがない急にやめても罰を与えることもない
十言神呪の神さま本当にありがとうございます
あれ！今「神さまがお前たちを守る」って声がしなかった?!
したよはっきり「守る」って聞こえた！

ミィ字
ミィ字は天御中主命
ミィ字の神呪が示すのは「神、ここに生き給うなり 神、ここに為し給うなり」だ
神ここに生き給うなり っていうけど ここってどこなんだろう ここって何を示しているんだろう
まずみんなここって どこなんだろうと思うよね
ここってどこよ～
いろんな考え方があると思う 一つは人間として生きているぼくたち自身のことじゃないかと思う
ここ
神、ここに生き給うなり 神が君を生きてるってことだ
ぼくたちはただの人間ではなかったのか?!
神が人間の着ぐるみの中にいて その人の人生を生きている
神

そうだったのか
「われ人間なり人なり」から
「われ人間なり神なり」へ
意識を変えると
いいのかもね
神とともにある
神としても生きることは
この混迷の世界を
生きるために
必要不可欠かもね
君は考え方を変えて
何か変わったかい
うん　変わったよ
まずはラッキーなことが
山ほど起こってきた
たとえばどんなこと⁇
人を治す技術が格段に
進歩したんだ
今、誰でも元気になる
方法がたくさん
生まれている
君だけじゃなく
「われ人間なり」から
「われ神なり」へと意識が
シフトした人はみんな
いい変化が現れている
ようだね

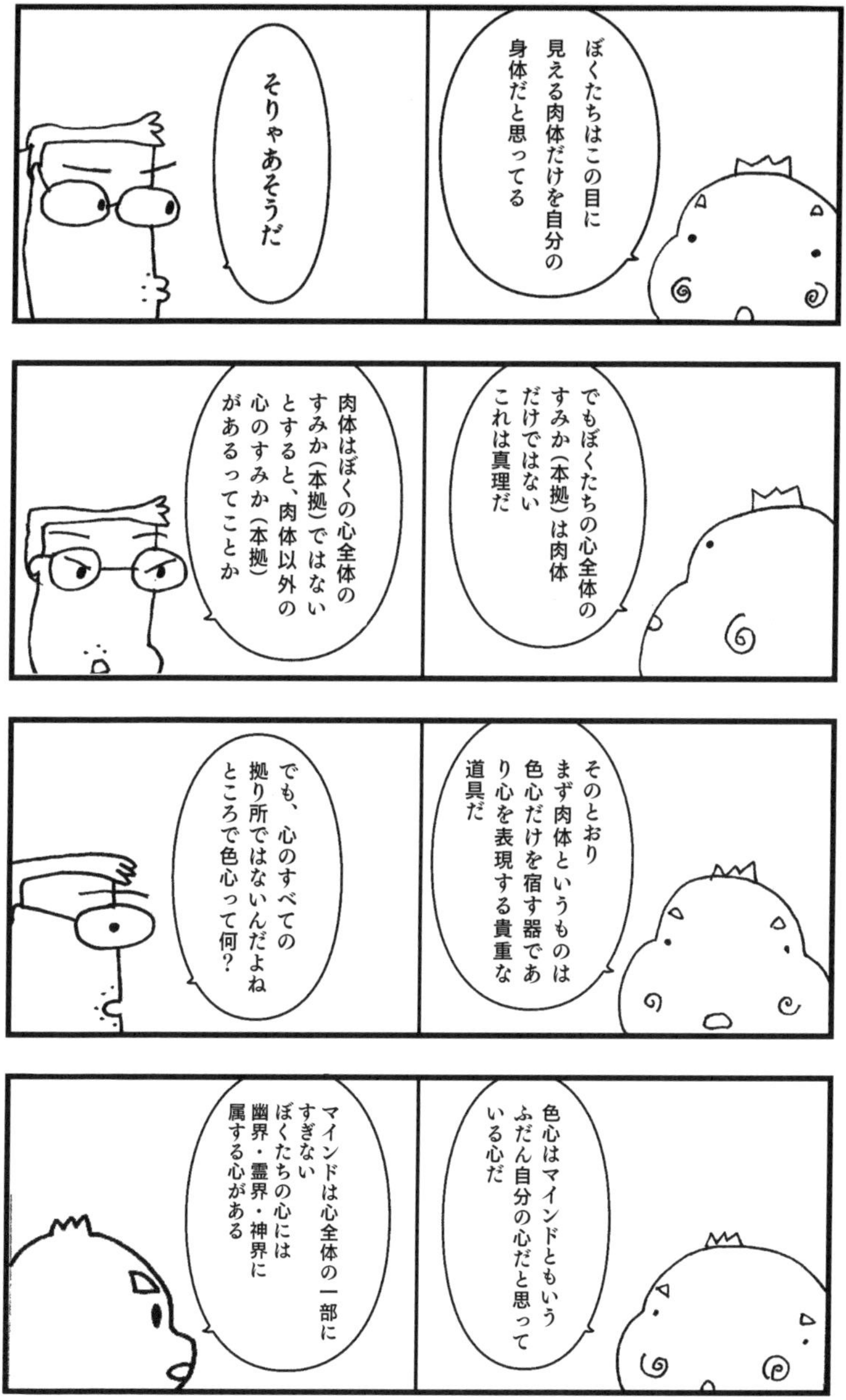
ぼくたちはこの目に見える肉体だけを自分の身体だと思ってる
そりゃあそうだ
でもぼくたちの心全体のすみか（本拠）は肉体だけではないこれは真理だ
肉体はぼくの心全体のすみか（本拠）ではないとすると、肉体以外の心のすみか（本拠）があるってことか
そのとおりまず肉体というものは色心だけを宿す器であり心を表現する貴重な道具だ
でも、心のすべての拠り所ではないんだよねところで色心って何？
色心はマインドともいうふだん自分の心だと思っている心だ
マインドは心全体の一部にすぎないぼくたちの心には幽界・霊界・神界に属する心がある

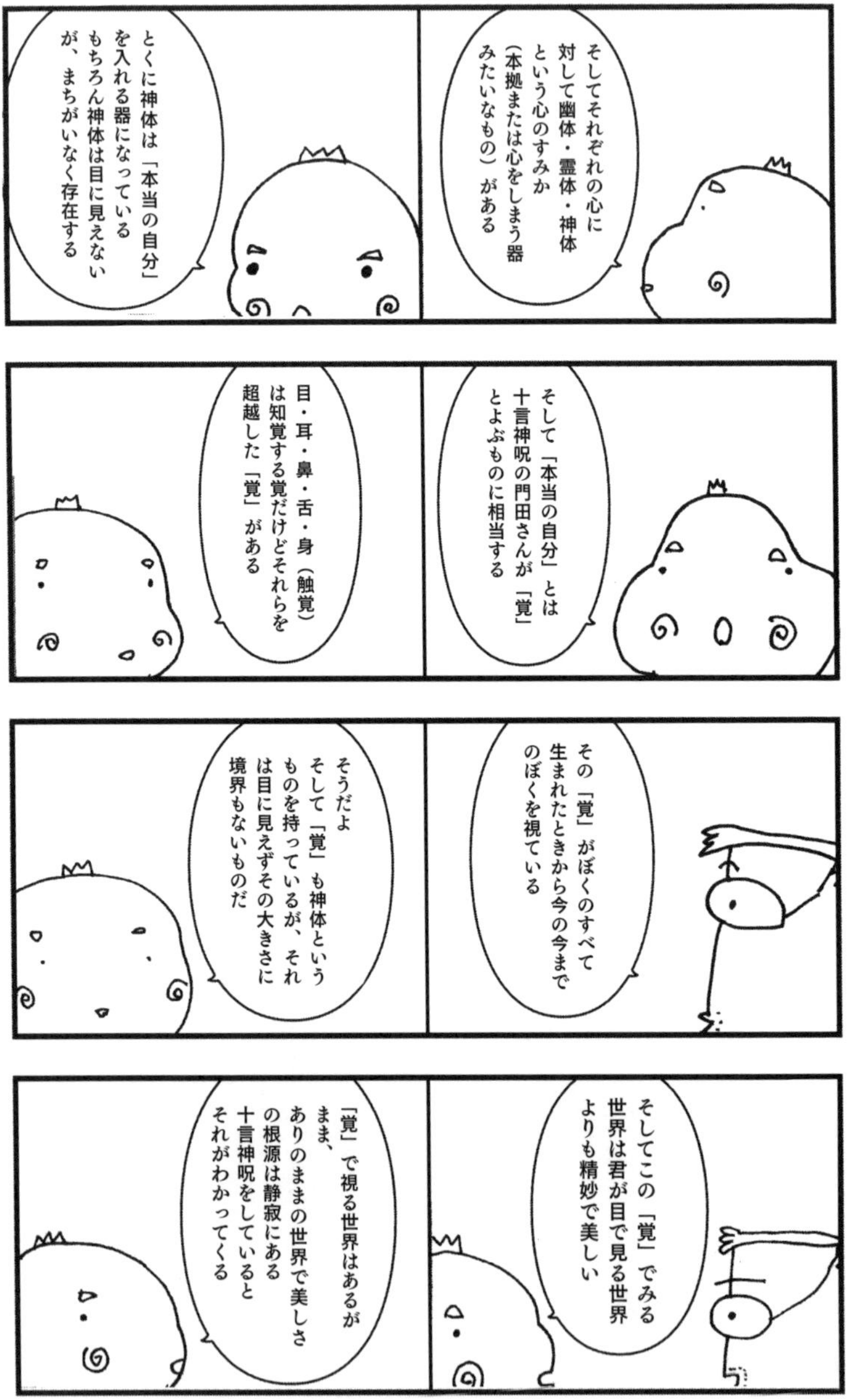
そしてそれぞれの心に対して幽体・霊体・神体という心のすみか（本拠または心をしまう器みたいなもの）がある
とくに神体は「本当の自分」を入れる器になっているもちろん神体は目に見えないが、まちがいなく存在する
そして「本当の自分」とは十言神呪の門田さんが「覚」とよぶものに相当する
目・耳・鼻・舌・身（触覚）は知覚する覚だけどそれらを超越した「覚」がある
その「覚」がぼくのすべて生まれたときから今の今までのぼくを視ている
そうだよそして「覚」も神体というものを持っているが、それは目に見えずその大きさに境界もないものだ
そしてこの「覚」でみる世界は君が目で見る世界よりも精妙で美しい
「覚」で視る世界はあるがまま、ありのままの世界で美しさの根源は静寂にある十言神呪をしているとそれがわかってくる

十言神呪には人間の体は肉体だけではないって書いてある
目に見えない体があるってことだ
どこだどこにある目に見えない体はどこにあ〜る〜
意識を自分の右手に集中してごらん　そのあと左手に意識を移す　するとだんだん目に見えない身体が姿を現すよ

意識を右前腕
次に左前腕に向ける
さらに右上腕、左上腕に向ける
その次、首、胸、お腹
両足首、両足、両太腿に
意識を順次向けていく
頭にも意識を向ける
最後に全身を感じる
なんかちがうぞ
これが見えない身体なのか
そのとおり
それが君の目に見えない身体、
十言神呪で無色身と呼ばれて
いるものだ
インナーボディともいうよ

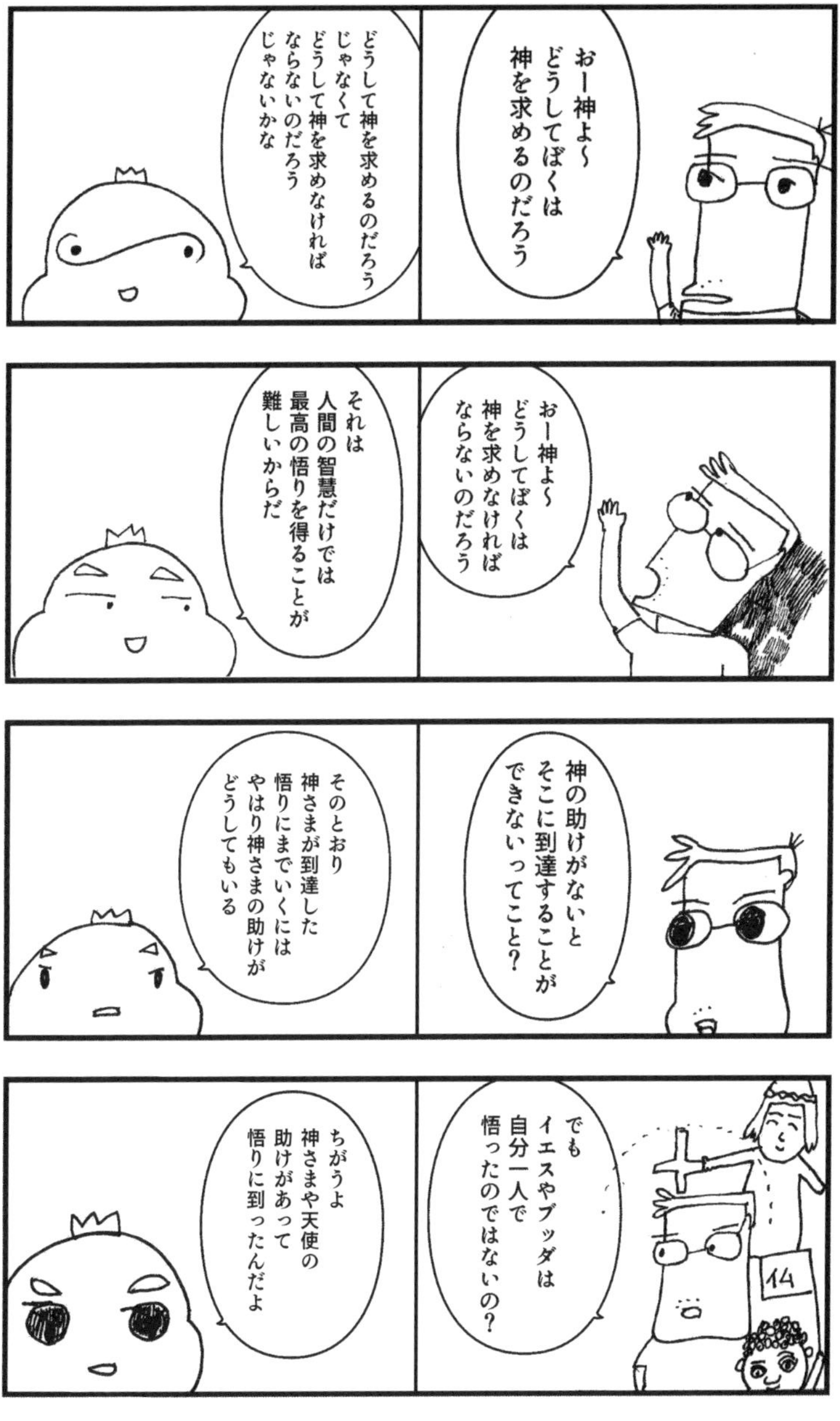
おー神よ〜 どうしてぼくは 神を求めるのだろう
どうして神を求めるのだろう じゃなくて どうして神を求めなければ ならないのだろう じゃないかな
おー神よ〜 どうしてぼくは 神を求めなければ ならないのだろう
それは 人間の智慧だけでは 最高の悟りを得ることが 難しいからだ
神の助けがないと そこに到達することが できないってこと？
そのとおり 神さまが到達した 悟りにまでいくには やはり神さまの助けが どうしてもいる
でも イエスやブッダは 自分一人で 悟ったのではないの？
ちがうよ 神さまや天使の 助けがあって 悟りに到ったんだよ

神さまの智彗は人間の数千倍はあるんだその神さまと同じ悟りを得ようとしたら
どんなことがあっても神さまの助けが必要になる
だからぼくは神さまを求めなければならないのか!!
そのとおり。神さまと人の智慧は大学教授と蟻以上に差があるんだ
そんなに差があるのか？
イエス人は霊長類の長だなんていばってるけどぜんぜん大したことないんだ
これからぼくは謙虚になって神を真摯に求めるよ!!
そういった気持ちで十言神呪の神さまを求めるときっと神さまが答えてくれるよ

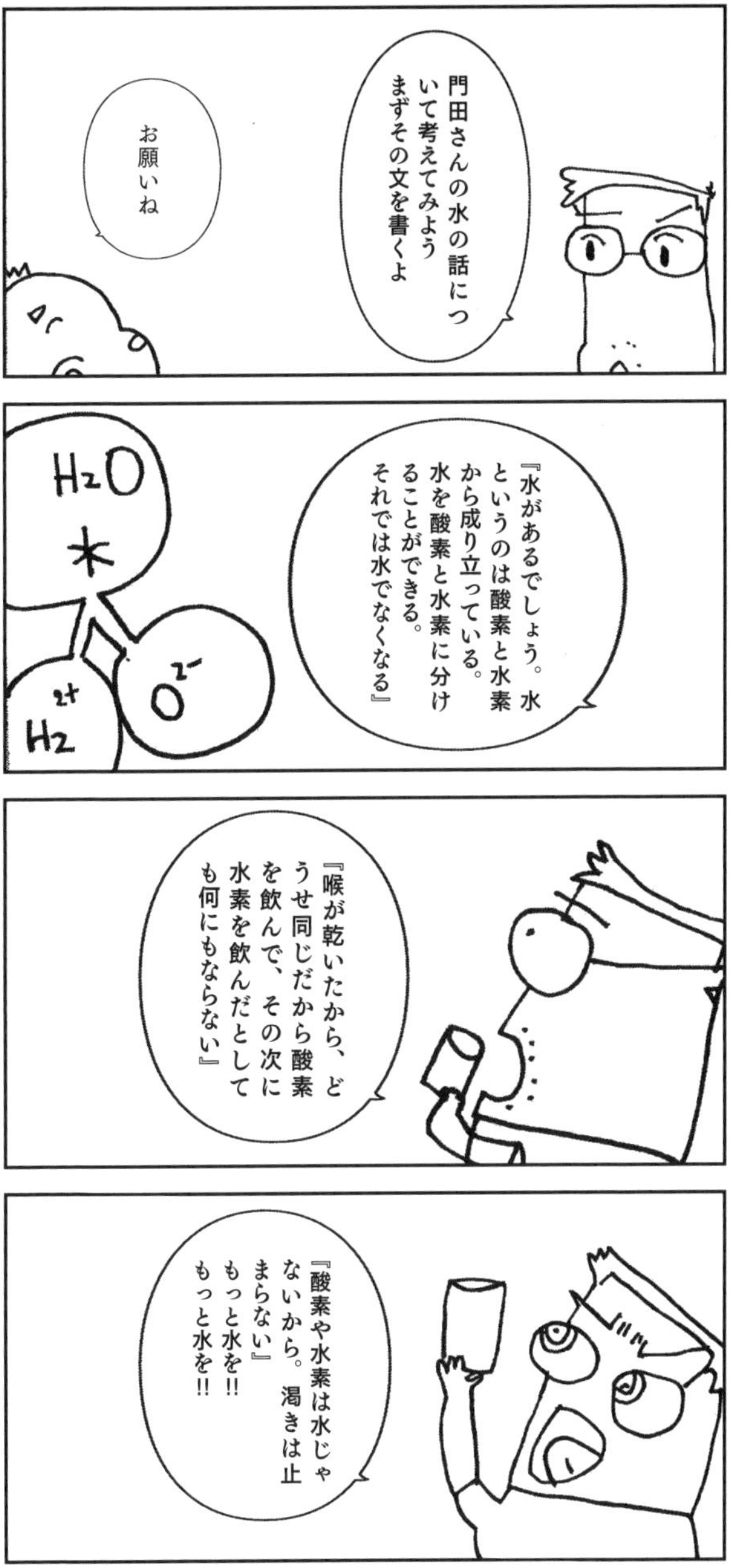
門田さんの水の話について考えてみよう まずその文を書くよ
お願いね
『水があるでしょう。水というのは酸素と水素から成り立っている。水を酸素と水素に分けることができる。それでは水でなくなる』
H2O
O2-
H2 2+
『喉が乾いたから、どうせ同じだから酸素を飲んで、その次に水素を飲んだとしても何にもならない』
『酸素や水素は水じゃないから。渇きは止まらない』
もっと水を!!
もっと水を!!

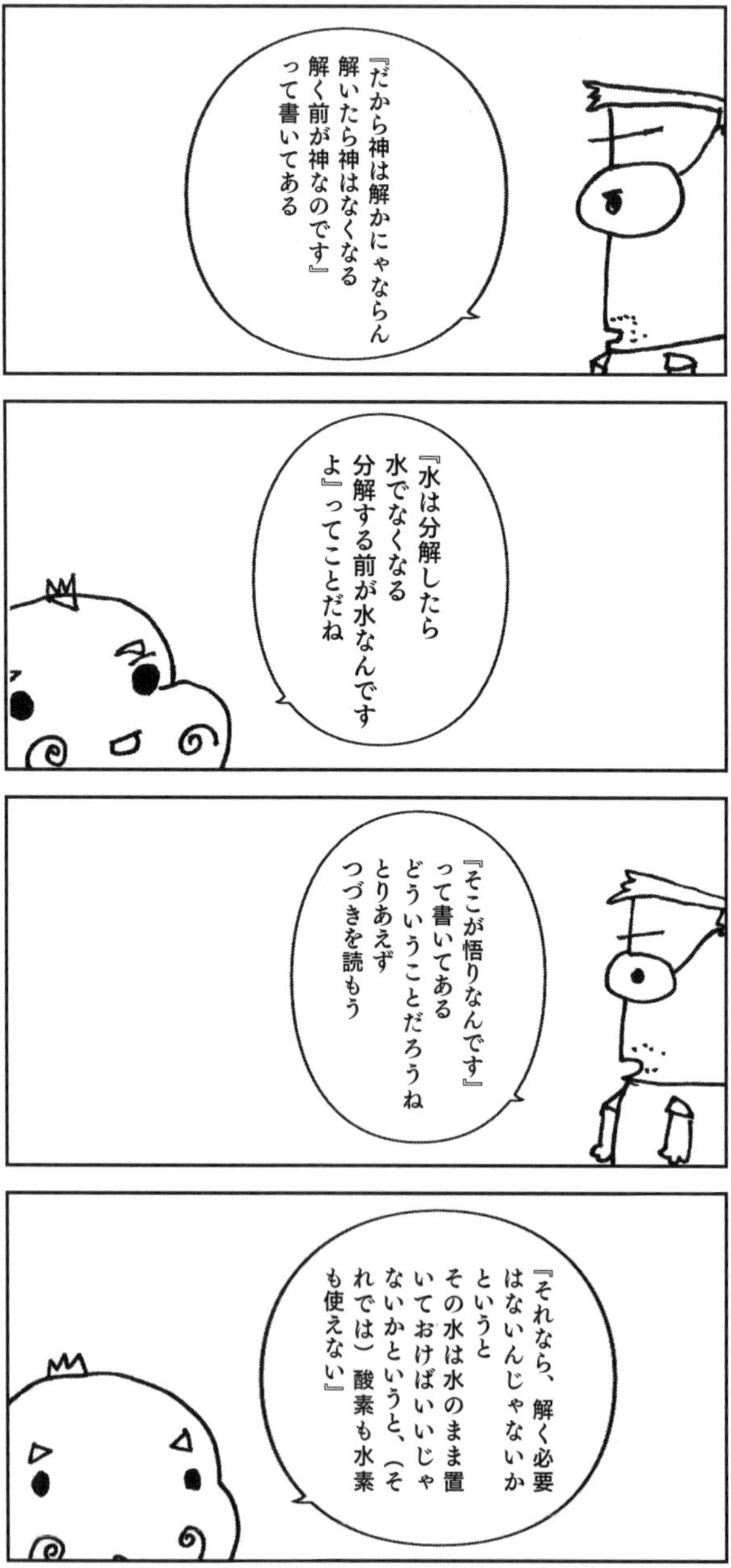
『だから神は解かにゃならん解いたら神はなくなる解く前が神なのです』って書いてある
『水は分解したら水でなくなる分解する前が水なんですよ』ってことだね
『そこが悟りなんです』って書いてあるどういうことだろうねとりあえずつづきを読もう
『それなら、解く必要はないんじゃないかというとその水は水のまま置いておけばいいじゃないかというと、（それでは）酸素も水素も使えない』

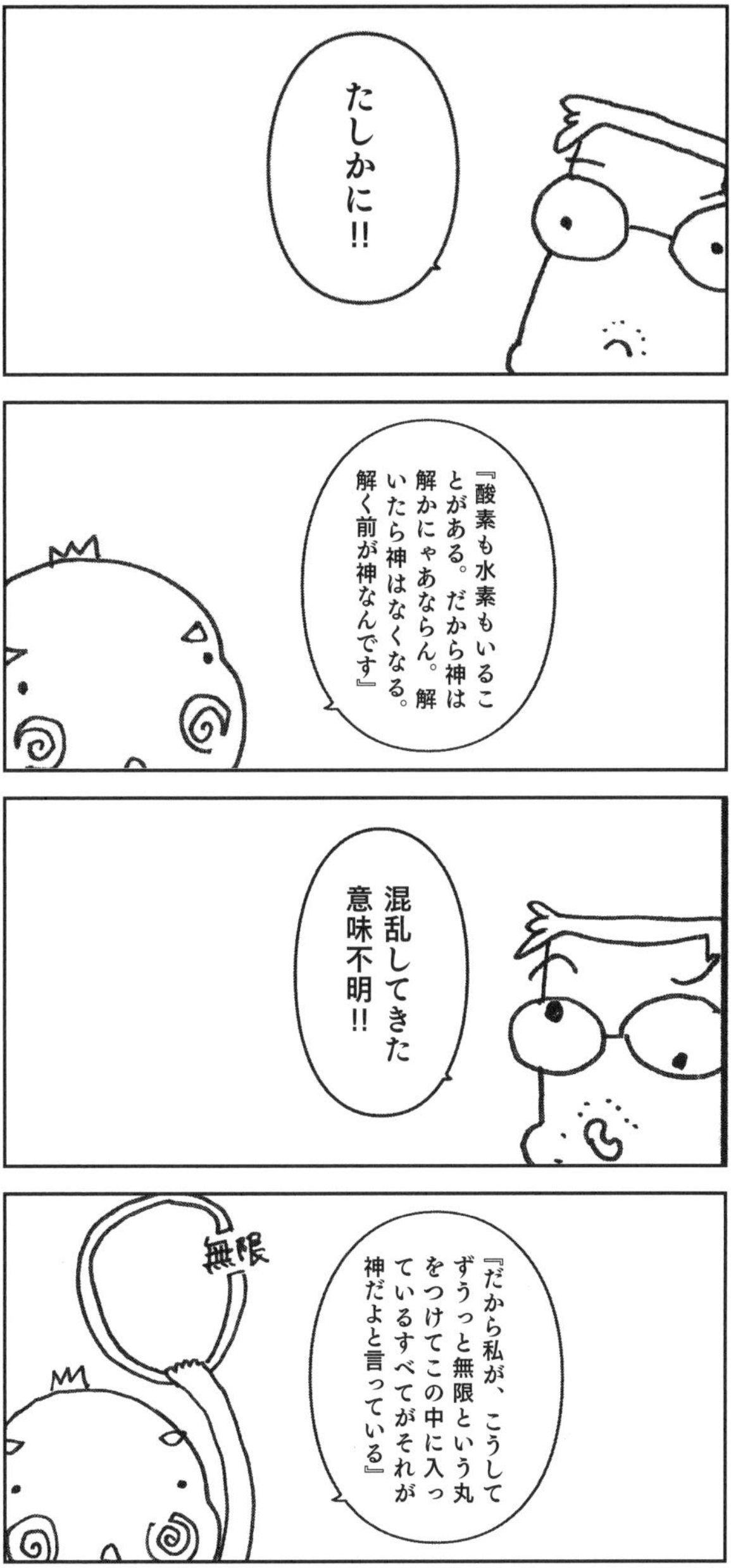
たしかに!!

『酸素も水素もいることがある。だから神は解かにゃあならん。解いたら神はなくなる。解く前が神なんです』

混乱してきた
意味不明!!

『だから私が、こうしてずうっと無限という丸をつけてこの中に入っているすべてがそれが神だよと言っている』

無限

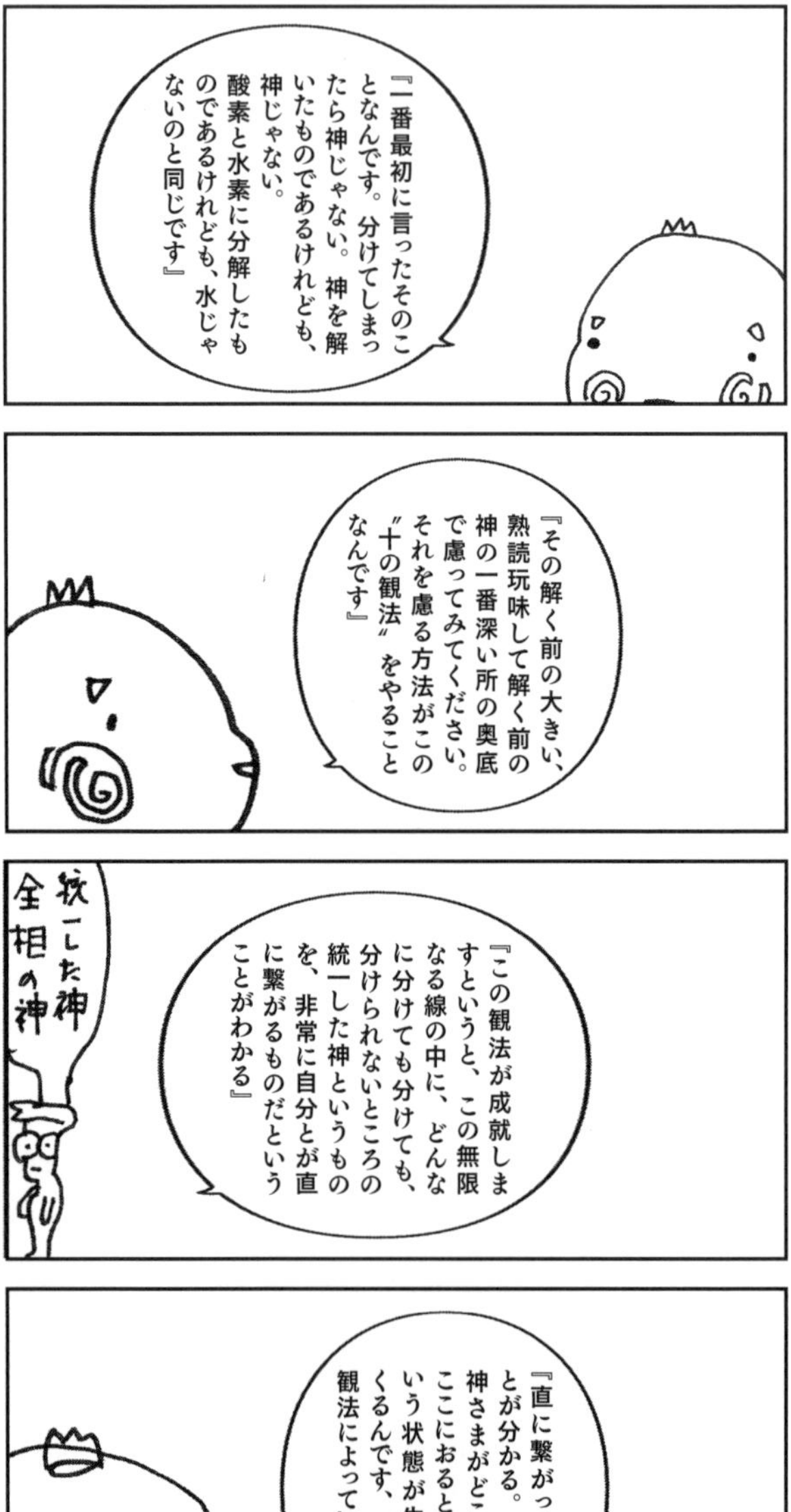
『一番最初に言ったそのことなんです。分けてしまったら神じゃない。神を解いたものであるけれども、神じゃない。酸素と水素に分解したものであるけれども、水じゃないのと同じです』
『その解く前の大きい、熟読玩味して解く前の神の一番深い所の奥底で慮ってみてください。それを慮る方法がこの〝十の観法〟をやることなんです』
『この観法が成就しますというと、この無限なる線の中に、どんなに分けても分けても、分けられないところの統一した神というものを、非常に自分とが直に繋がるものだということがわかる』
統一した神
全相の神
『直に繋がっていることが分かる。神さまがどこにおる、ここにおるといえるという状態が生まれてくるんです、この十の観法によって』

＊「十の観法」とは、『光る国神霊物語　大悟徹底の手引書』（門田博治・花井陽三郎著　宮帯出版社）に記されている祈りの言葉のこと。

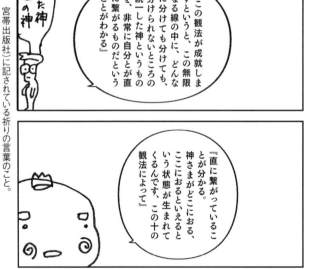

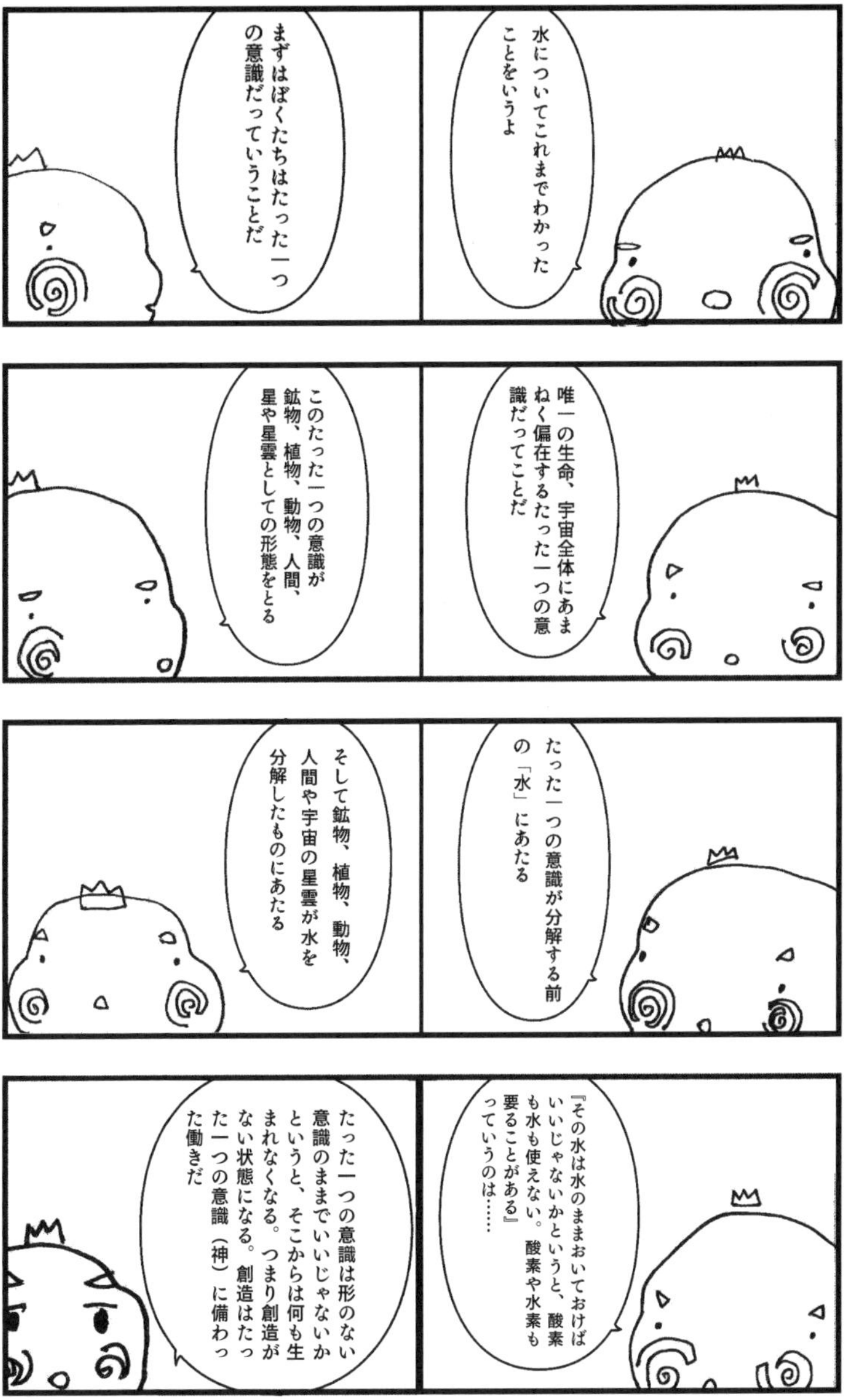
水についてこれまでわかったことをいうよ
まずはぼくたちはたった一つの意識だっていうことだ
唯一の生命、宇宙全体にあまねく偏在するたった一つの意識だってことだ
このたった一つの意識が鉱物、植物、動物、人間、星や星雲としての形態をとる
たった一つの意識が分解する前の「水」にあたる
そして鉱物、植物、動物、人間や宇宙の星雲が水を分解したものにあたる
『その水は水のままおいておけばいいじゃないかというと、酸素も水も使えない。酸素や水素も要ることがある』っていうのは……
たった一つの意識は形のない意識のままでいいじゃないかというと、そこからは何も生まれなくなる。つまり創造がない状態になる。たった一つの意識（神）に備わった働きだ

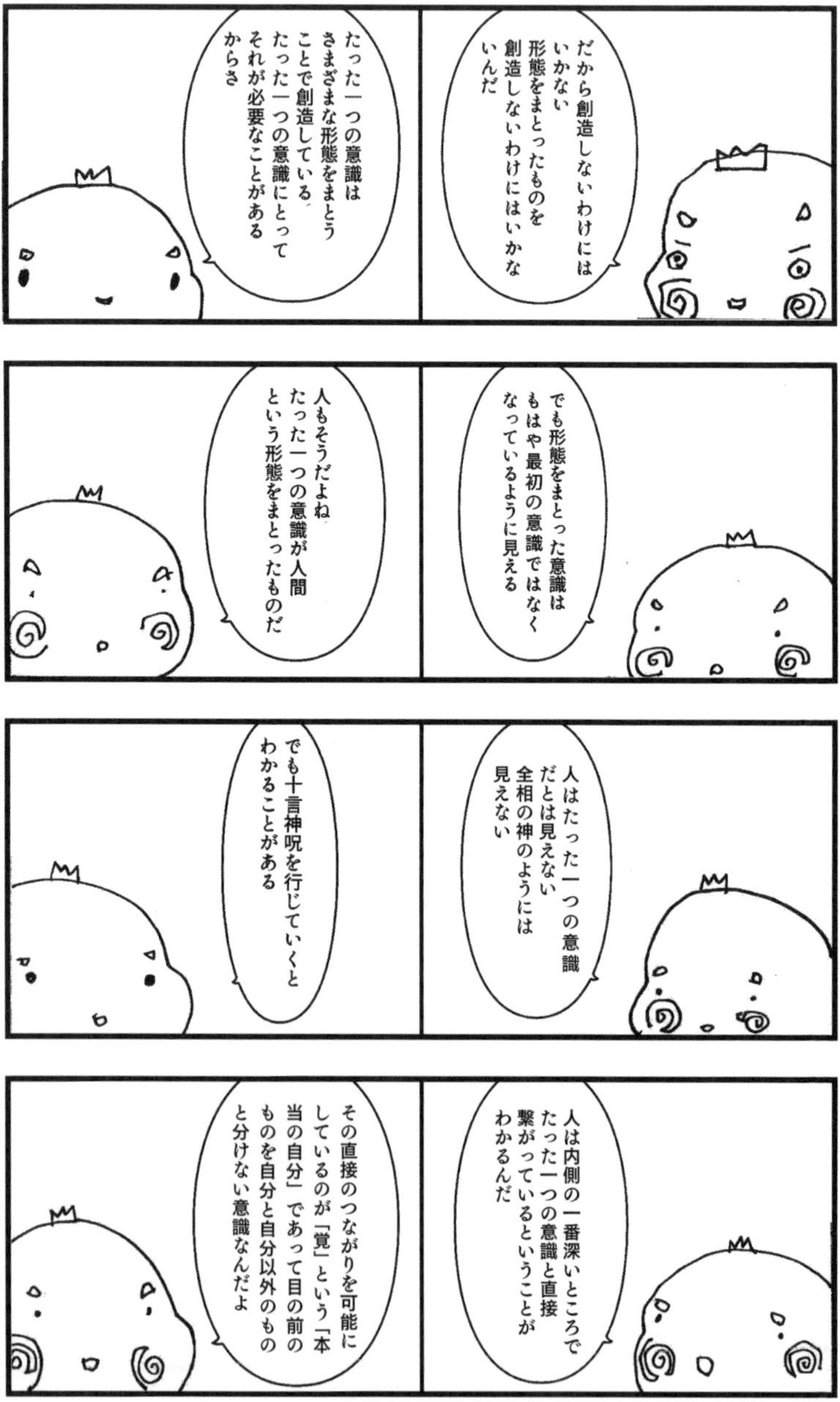
だから創造しないわけにはいかない形態をまとったものを創造しないわけにはいかないんだ
たった一つの意識はさまざまな形態をまとうことで創造している。たった一つの意識にとってそれが必要なことがあるからさ
でも形態をまとった意識はもはや最初の意識ではなくなっているように見える
人もそうだよね。たった一つの意識が人間という形態をまとったものだ
人はたった一つの意識だとは見えない全相の神のようには見えない
でも十言神呪を行じていくとわかることがある
人は内側の一番深いところでたった一つの意識と直接繋がっているということがわかるんだ
その直接のつながりを可能にしているのが「覚」という「本当の自分」であって目の前のものを自分と自分以外のものと分けない意識なんだよ

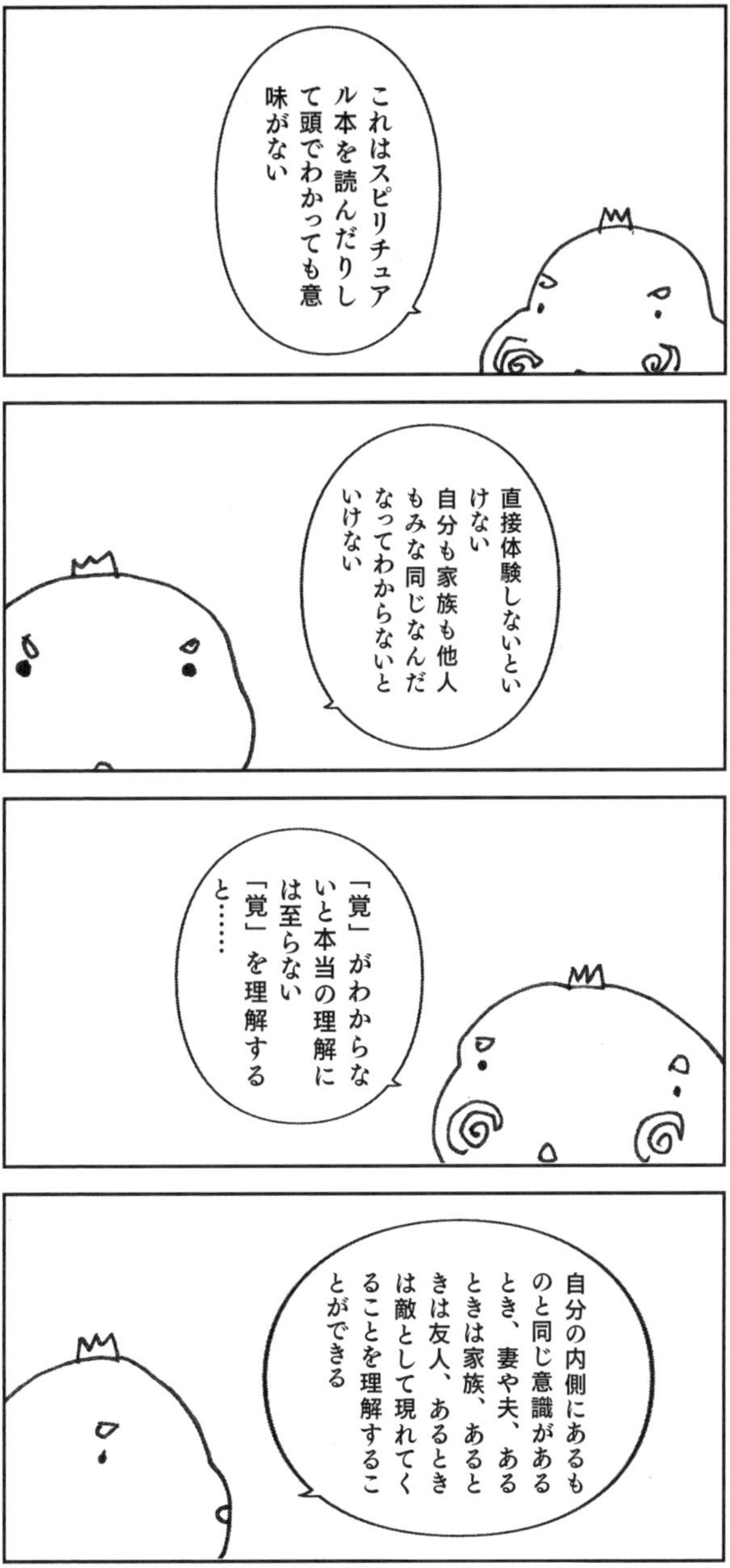
これはスピリチュアル本を読んだりして頭でわかっても意味がない
直接体験しないといけない自分も家族も他人もみな同じなんだなってわからないといけない
「覚」がわからないと本当の理解には至らない「覚」を理解すると……
自分の内側にあるものと同じ意識があるとき、妻や夫、あるときは家族、あるときは友人、あるときは敵として現れてくることを理解することができる

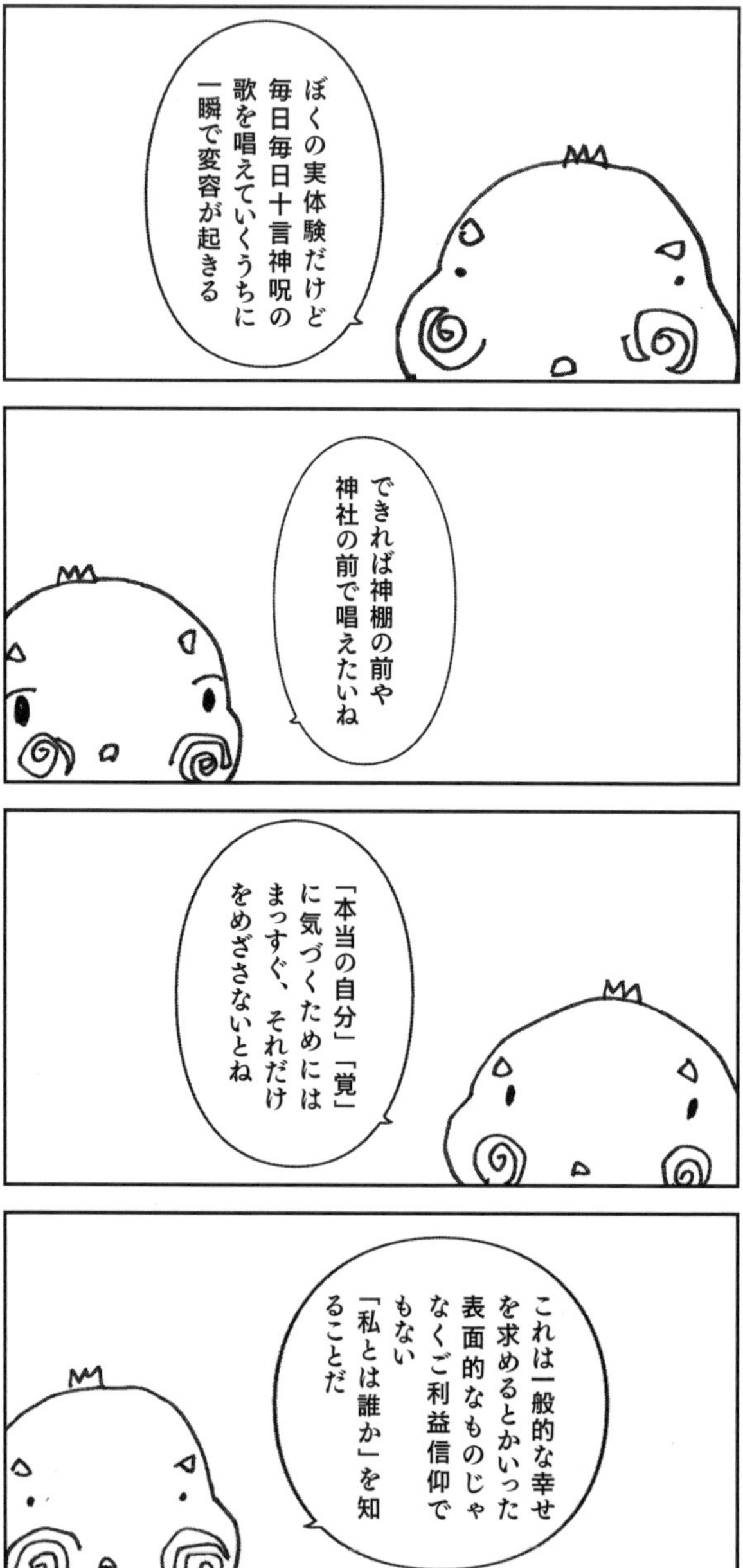
ぼくの実体験だけど毎日毎日十言神呪の歌を唱えていくうちに一瞬で変容が起きる
できれば神棚の前や神社の前で唱えたいね
「本当の自分」「覚」に気づくためにはまっすぐ、それだけをめざさないとね
これは一般的な幸せを求めるとかいった表面的なものじゃなくご利益信仰でもない「私とは誰か」を知ることだ

毎日新しい生命と新しい身体をもらっている

私たちは毎日、死んでいるんです。こう書くと驚かれるかもしれませんが、眠るというのはそういうことなんじゃないかな、と私は思っているのです。そしてまた目が覚めて、新しい生命をいただくわけなんですね。

病気や痛みも同じです。昨日、左手が捻《ね》じれるように痛かったとしても、今日もそうだとは限らないのです。朝、目覚めたときに、昨日、この左手は痛かったけれど、今日は新しい生命と新しい身体と新しい手をいただきましてありがとうございます、という感謝を自分の内側に入れていくと、症状がスッと消えることは確かにあります。

朝、目が覚めて、新しい生命と新しい身体をいただいたのだと心から思えたら、昨日、高血圧だったとしても今日は正常になり、昨日、ガンだったとしても、今日はガンが消えているかもしれません。でも、これは顕在意識だけではなく、自分の潜在意識や無意識、すべての意識がそう思えたときに起こります。

朝、目覚めたとき、新しい生命、新しい身体、新しい心をいただいたことに気づかないと、昨日までの病気や痛みの記憶（データ）を引っ張り出して再生してしまうため、病気や痛みが繰り返されることになります。しかし、完全に昨日までとは違う新しい自分をいただいたと心の深いところでわかれば、病気や痛みは永遠に消えます。紹介した「祈りの言葉」（次ページ）を毎朝唱えてみてください。この祈りの観法もまた、最高レベルの医学ではないかと私は思っています。

column

祈りの言葉

今朝《けさ》目を醒《さ》まさせていただきました事は、
今日《きょう》こんにちを強く正しく明るく生きよとの御旨《みむね》と拝承致《はいしょういた》しまして、
深く感謝《かんしゃ》させていただきます。
今日新しい生命と新しい心と新しい身体《からだ》をいただき、
また新しい太陽と新しい光と新しい空気と新しい水とをいただきました事に対し、無限の感謝を持たせていただきます。

＊祈りの言葉にあるように、今日新たに自分が生まれたと思う深いところまで、完全に自分の意識を持っていけると、すべての病は収束に向かうか消えます。
＊『光る国神霊物語　大悟徹底の手引書』（門田博治・花井陽三郎著　宮帯出版社）「祈りの言葉」より抜粋。

第三章
薬以上に効果があるクスリ絵

どうしてクスリ絵を作ったの？

ぼくがクスリ絵を作るのは病気を治すためだけではないんだ
じゃあ何のために？
クスリ絵には神性な力や龍の力が宿る、その力で自分の家族や患者さん、クスリ絵を気に入ってくれた人を守りたいからなんだ
薬にはそんな力はないけどクスリ絵にはあるからね
薬
もちろん自分の大切な人たちを100％クスリ絵で守れるとは思ってないけど……
うん……
でも心の意識がこの世界を作っているからぼくが皆をクスリ絵で守りたいという思いは何らかのエネルギーになって人の役に立つと信じているんだ
大切なことは人に対する愛情や慈みを持って作ることだね
自分のためにではなく、人の役に立つためにこれからも作っていこう
クスリ絵で幸せになる人が増えてくれたらうれしいなあ……

クスリ絵とは

クスリ絵とは、場合によっては薬以上に効果のあるデザイン（色や形）のことです。薬のように身体に直接作用するわけではなく、クスリ絵を洋服や肌着の上に貼りつけて使うことで、人間のまわりを取り囲む、目には見えない生命場や生命エネルギー、意識、情報に働きかけて、人を元気で健康な状態にします。使い方によっては、その人の運気まで変えてしまうほどの働きをすることがあります。

人が病気になる原因は、「身体の酷使《こくし》」「暴飲暴食・睡眠不足などの生活習慣」「心配事など心の問題」「電磁波などの生活環境」など、さまざまです。

しかし、私の第三の目で視ると、人間の身体の周囲を卵形に取り囲んでいる「生命場（ライフ・フィールド）」に問題が生じていることが多いようです。

つまり、病気になる原因というのは、目に見える肉体だけではなく、目に見えない生命場にもあるのです。

割った卵を想像してみてください。黄身が肉体だとすれば、半透明の白身の部分が生命場に当たります。そして、黄身に当たる人体の治療を行うのが現代医学だとすれば、半透明の白身の部分に当たる生命場を調整するのがクスリ絵と言えるでしょう。黄身と白身で一つの卵ですから、私たちの身体もまた、そのどちらか一方だけをよくすればいいということではないのです。

また、私たちは、食べものや水を取り入れてエネルギーを作って生きているだけではなく、生命場から大気（天）や大地（地）に存在する生命エネルギー（氣やプラーナ）を取り入れ、それを共振させ、分子や細胞の修復、再生を行っているのです。

古代においては現代のような薬がなかったため、人々は薬草などを薬として使用していました。薬を飲むことを「服用」「内服」と言いますが、それは、薬は飲むものではなく、衣服に着けていた名残なのではないだろうかと私は考えています。

そう考えると、私が作成したクスリ絵を、服や服の内側に貼りつけて使うことは、理にかなった方法と言えるでしょう。

クスリ絵を服や身体に貼るだけで病気が治るはずがないという人もいます。しかし、私が二〇年以上にわたってクスリ絵を治療に用いてみてわかったことは、人の身体は間違いなく、特定の色、形、幾何学模様などに反応するということです。

では、なぜ反応するのか。それは、クスリ絵が磁気エネルギーを持っているからではないかと思います。長野県の分杭峠《ぶんぐいとうげ》はゼロ磁場と呼ばれ、人を治す磁気エネルギーが出ていて、ガンや難病の人がそこに行って治るケースもあると言われています。また、フランスのルルドの泉の水は、飲むことで人の病気が治ることが知られていますが、クスリ絵にも同じような磁気エネルギーが出ていて、それが何らかの影響を及ぼし、細胞や組織を正常化させていくのではないかと思っています。

クスリ絵の実際の反応を確認するために、比較実験を行ってみました。

服や服の内側に何も書いていない白い紙を貼りつけた場合と、服や服の内側にクスリ絵を貼りつけた場合を比べてみたところ、クスリ絵を貼ったほうは高い確率で痛みが取れ、関節の可動域が広がりました。Oリングテストやパワーテスト、アプライドキネシオロジーでも確認しましたが、クスリ絵では確かに変化が起こったのです。

このことは、皮膚が第三の脳と言われることと関係しています。皮膚には色や形が持つ振動を感知する受容体があり、皮膚が感知したものはすぐに脳に伝達され、脳から分泌される神経伝達物質によって、全身の氣の流れや免疫細胞の働きがよくなります。結果、元気になり、症状が消えるのです。病気そのものが消える可能性も否定できません。

このように、クスリ絵の効果については、使用した患者さんの症状の変化である程度わかってはいましたが、クスリ絵が及ぼす影響を客観的にみるために、意識を持っていないイチゴやバナナなどでも実験を行いました。

その結果、たとえば、梅雨時期の六月に行ったイチゴを置いた実験では、カビの発生にはっきりとした差が確認できました。白い紙のカードの上に置いたイチゴはカビが生えたのに対し、フラワーシャーベットというクスリ絵のカードの上に置いたイチゴはカビも生えにくく、腐りにくいことが確認できました。クスリ絵に、カビに対する抗菌作用、抗酸化力があることがわかったのです。この他の実験でも、同様の結果が得られました。

私は医師として、何とか患者さんの不調を完全に取り除きたいと思っているのです

が、現代医学だけの治療では、病気や症状を完全に治すことができない場合がありま
す。肉体内部の状態を改善させることはできても、生命場の調整はできないからです。
ところがクスリ絵は、この生命場に作用する療法なのです。そして、クスリ絵のい
いところは、診察室の中だけではなく、家に帰ってからもずっと、貼りつけているだ
けで生命場の治療が続いているところにあります。

不思議な治療法と思われるかもしれませんが、クスリ絵も、元気に、健康になる方
法の一つだと確信しています。

美しい図形にあるパワー

どんな症状にも適応するデザインを創《つく》ろうとして研究を続けてきた結果、クスリ絵の種類は、現在一万種以上あります。

長年のクスリ絵の研究の中で、パワーがある形の特徴のようなものがわかりました。それは、誰もが美しいと感じる図形です。渦や螺旋《らせん》、回転や集中放射する形や動きのあるメビウスのようなもの、黄金比などの比率でできている流線形のプロポーション、曼荼羅《まんだら》、シンプルで無駄のない形、高次元や宇宙の形、数学的な理論が背景にある形や神聖幾何学関連の形、コントラストがはっきりしているものなどです。

なかでも神聖幾何学は、自然界のあらゆるものが持っている模様です。これは、この世界の形あるものの源で、すべての生命に含まれている創造のパターンを表しています。

神聖幾何学模様の最もポピュラーなものといえば、「フラワー・オブ・ライフ」で、世界各地の古代遺跡、寺院などから発見されています。

ロマネスコの蕾の形、アロエ、ひまわり、ダリアなどの花の形、雪の結晶、貝殻などもその一つで、形が規則正しくパターン化しており、さらに数学的な図形が存在し、不思議なエネルギーを発生させています。また、日本の図柄として身近な「麻の葉模様」は、フラワー・オブ・ライフそのもので、魔除けの効果があるとされています。

このフラワー・オブ・ライフは、一言で表すならば、この世界の形あるものの源というべきものです。また、すべての生命に含まれている創造のパターンとも考えられています。そのため、フラワー・オブ・ライフを基につくった図形の多くは、クスリ絵として十分な効果を示しますが、驚くことに私は、フラワー・オブ・ライフを基本にしたクスリ絵を数百種類も創り上げていました。


この模様の意味していることは二つあります。

第一に、フラワー・オブ・ライフは、生命を設計する聖なる図形であるということ。精子と卵子が受精し、命の種となり、その後、幾度も細胞分裂を繰り返しながら成長してゆく過程は、フラワー・オブ・ライフやその中から導き出された図形で配列され

フラワー・オブ・ライフ

ています。世代から世代へと受け継がれる生命全般のサイクルが秘められているのです。

第二に、生命だけではなく、金属や鉱物の原子構造もフラワー・オブ・ライフから導き出された幾何学図形やフラワー・オブ・ライフそのものの形をしていますが、この宇宙に存在するすべての形を生み出す源、すべての形あるものの根源なのです。

古代の人々は、こうした図形に秘められた意味やエネルギーについて知っていたにちがいありません。そして、宇宙の法則を表す象徴的なものとして重要視してきたにちがいないと私は思っています。

・パワーのある形1：螺旋や渦、回転の要素、集中と放射など、動きのある形（メビウス）

螺旋は美しさとともに力強さがあり、見ているだけで引き込まれそうになってしまいます。生命の螺旋は生命を表し、風や水の渦巻きは自然の力のシンボルです。

・パワーのある形2：渦（太極と巴紋）

渦巻きは、生命や成長のシンボル、宇宙、また未来永劫の護符や呪術の印として用いられてきました。同じ形の紋様は日本では巴紋と呼ばれ、生命のシンボルや水の渦を表すものとして広く親しまれてきました。神社・氏神の紋としても使われており、家紋の中にもその模様があります。

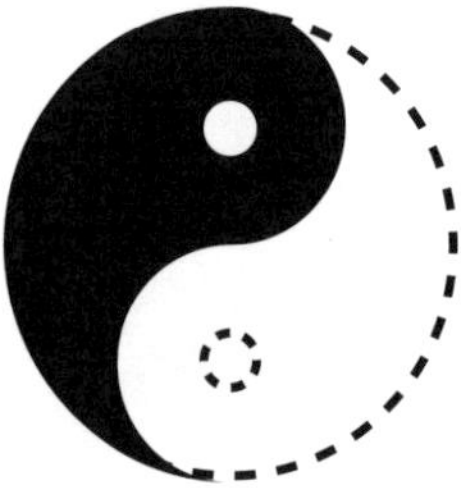

太極

二つ巴　三つ巴　四つ巴　九曜巴（板倉巴）

column

クスリ絵の使い方

クスリ絵は、基本的には、背中の上部と胸の中央をクスリ絵で身体をサンドイッチするようにして、肌着の上か衣服の上に貼ります。絵柄は外に向けます。

こうするだけでも十分効果があるのですが、クスリ絵の持つ不思議な力を身体に入れる方法をご紹介します。

①両手を頭頂に持ってゆき、ヨガのスタイルのように手のひらを合わせます。このとき、手首は頭頂に置いた形になります。

②この状態で、右手はそのままにして、左手をハートのところ（みぞおちのあたり）に持っていき、右手の人差し指は天に向かうように立て、左手の人差し指はハートを指し示すようにします。

③両方の人差し指の先を意識しながら、自分が大きなダイヤモンドに包まれているようなイメージを持ちます。このポーズをするだけでマイナスのエネルギーか

ら守られます。

④その後、頭頂部の人差し指は立てたまま、クスリ絵を左手でハートの部分に当てて、クスリ絵のエネルギーをハートから入れます。

⑤次に、②のポーズのまま、クスリ絵を頭頂と右手の手首ではさむように置き、頭からクスリ絵のエネルギーを入れます。

力を抜き、何も考えず、頭頂部とハートの指先に意識を向けましょう。エネルギーが入ってくると、指先がビリビリするのが感じられます。

*④と⑤の順番は逆でもOKです。

*クスリ絵は一度に三枚くらいなら重ねて使っても大丈夫です。自分に合うクスリ絵を選んで使ってください。

膜空間を操る神山三津夫先生のこと

私がはじめて膜宇宙療法の神山三津夫先生のことを知ったのは、もう十年以上も前のことになります。友人の脳外科医から「奇跡を起こすマッサージの先生がいるので会ってみませんか」と言われたことがはじまりでした。

その後、横浜の石川町にある治療院を訪ね、施術を見学させてもらいました。

神山先生は、患者さんの身体の可動域を調べることによって、妬《ねた》みや嫉《そね》み、生き霊などの影響を受けているかどうかの確認を行い、続いて患者さんをマットの上に寝かせて、目を軽く瞑るように指示すると、数字や不思議な言葉を唱え始めました。すると、患者さんの身体は、目に見えない何者かに動かされているように動き始めました。

その後、患者さんが目を開けると、すべての症状が消えていたのです。どうやら、身体が勝手に動くことで症状が改善されていくようでした。乳ガンが消えた女性や、原因不明の痛みが消えた男性もいました。私の治療法も、患者さんたちから不思議がられていますが、神山先生の施術は、不思議を通り越して、神業《かみわざ》のように感じられました。

実際、神山先生は、宇宙はもちろん、土地や家の神さま、神社仏閣の神々とも、また亡くなった人とも会話ができるのです。こんなすごい先生ですが、ダジャレやギャグが大好きで、施術中もダジャレを連発して患者さんを笑わせていました。

神山先生によると、患者さんの痛みを早く取り除く方法はないものか、自分の身体を酷使しなくてもできる療法がないものかとの思いを深くしていたところ、ある日突然、宇宙からメッセージや数字が降りてきて、この膜宇宙療法を始めたのだそうです。

神山先生のこの奇跡の療法は、さまざまな数字や「スイッチオン」とか「セットオン」といった言葉を使って患者さんのまわりに膜を作るというもので、「膜宇宙療法」という名前がつけられています。驚くことに、この膜には意識があり、人間の心を一瞬にして判断し、邪悪や欺くことを嫌うのだそうです。

この膜は、左手の人差し指をアンテナにして空に向け（親指は隠します）、神山先生が宇宙から教えられた数字を言うことによって、自分でも作ることができ、自身の指示で身体や心の修復が可能です。数字や言葉を言ってスイッチを入れると、ＤＮＡが自動で修復してくれるのです。ただし、宇宙との約束があって、宇宙からの数字を悪用する人が出たら、数字を全部変えることになっているそうです。

私は神山先生から大切なことをたくさん教わりました。心から感謝しています。

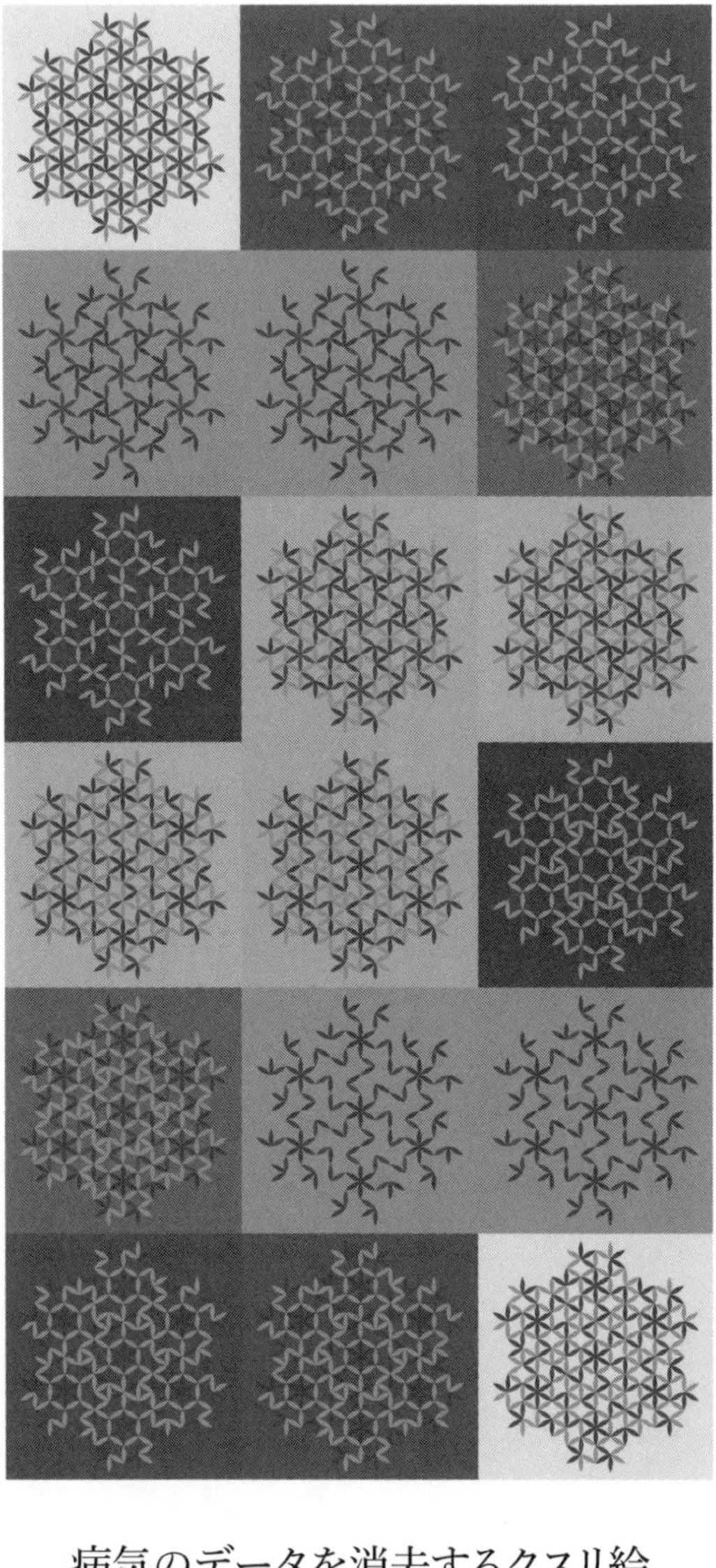

病気のデータを消去するクスリ絵

病気を治すのではなく、潜在意識の中の病気を起こす原因となったデータを消去します。

奇跡を呼ぶクスリ絵

自分が本当に望んでいることをしっかりと確定してみてください。きっと叶います。

クスリ絵を使った膜宇宙療法のやり方

膜宇宙療法というのは、神山まっさあじ療院の神山三津夫先生が四十年以上にわたり研究・開発した奇跡の療法です。自分のまわりにシャボン玉のような膜状の高次元空間を作り、その中で心身ともに癒されるというものです。

基本編

①目の前にクスリ絵を置いて、両手の人差し指をアンテナのように上に立てます（このとき、親指は隠します）。

②両手の人差し指の先端に意識を向け、胸の中央

からみぞおちのあたりにも意識を向けます。こうすることで指先とみぞおちで逆三角形ができます。

③「目の前に置いた膜空間のクスリ絵によって、私に膜をかけます」と言います。

＊膜空間を感じられなくても、空間はできています。最初は効果を感じづらいかもしれませんが、継続することにより、よい変化を感じられるようになります。

＊膜宇宙療法は、やりたいときに何度行っても問題ありません。

＊膜宇宙療法は「膜空間療法」と表現している場合があります。

活用方法

身体の気になる部分に貼る、玄関・居間・寝室などに飾る、お守りとして持ち歩くなど、通常のクスリ絵と同じように使っていただけますが、クスリ絵の裏や余白に、願いごとを書くのもお勧めです。

たとえば、「希望の大学に合格して、家族みんなで喜びました。神さま、これはあなたの中ですでに現実です。ありがとうございました」というように、すでに叶ったものとして、過去形で具体的に、そして、叶ったときの状況も想像して書きます。願いごとを書いたら、最後に「神さま、これはあなたの中ですでに現実です。ありがとうございました」と書きましょう。

クスリ絵と現代医学で使われている薬は一緒に使ってもいいの？
薬
クスリ絵と薬は一緒に使うほうがいいと思っているよ
どうして？
薬は身体の内側に働きかけ不具合を調節する
薬
身体の内側
クスリ絵は人体を取り巻く生命場に働きかけ心身ともに元気にする
クスリ絵
身体の外側
クスリ絵だけ使っていてはだめなの？
クスリ絵を使って身体をよくするときは医師に身体の状態を診てもらうことは不可欠だよ
そして医師の判断のもと薬が必要であれば必要に応じて薬を使うんだ
は〜い！

ねーねー
このクスリ絵の意味って何？
エンジェルフォースのこと？
今から20年前に70mくらいの大天使がぼくの病院の中に入ってきたんだ
そんなこと堂々と言って頭がおかしいお医者さんて思われるよ？
うっ!!
別に気にしないよ
体験したことを人に伝えるのはぼくの魂の表現なんだ
それで？その大天使は今もいるの？

いらっしゃるよ
人間の大きさと
同じくらいに
なってね
君には
わかるの？
ぼくだけじゃなく
診察室に入った
人の中には
すぐわかる人もいるよ
その天使の
名前は？
大天使は軽々しく
名前を教えては
くれないんだよ
もしそうなら
どうして名前が
わかったのさ？
ぼくが
どうしても
知りたいって
お願いしたんだ
それで
何て名前なの？
ノア
NOAHって名前
知ってる？
！

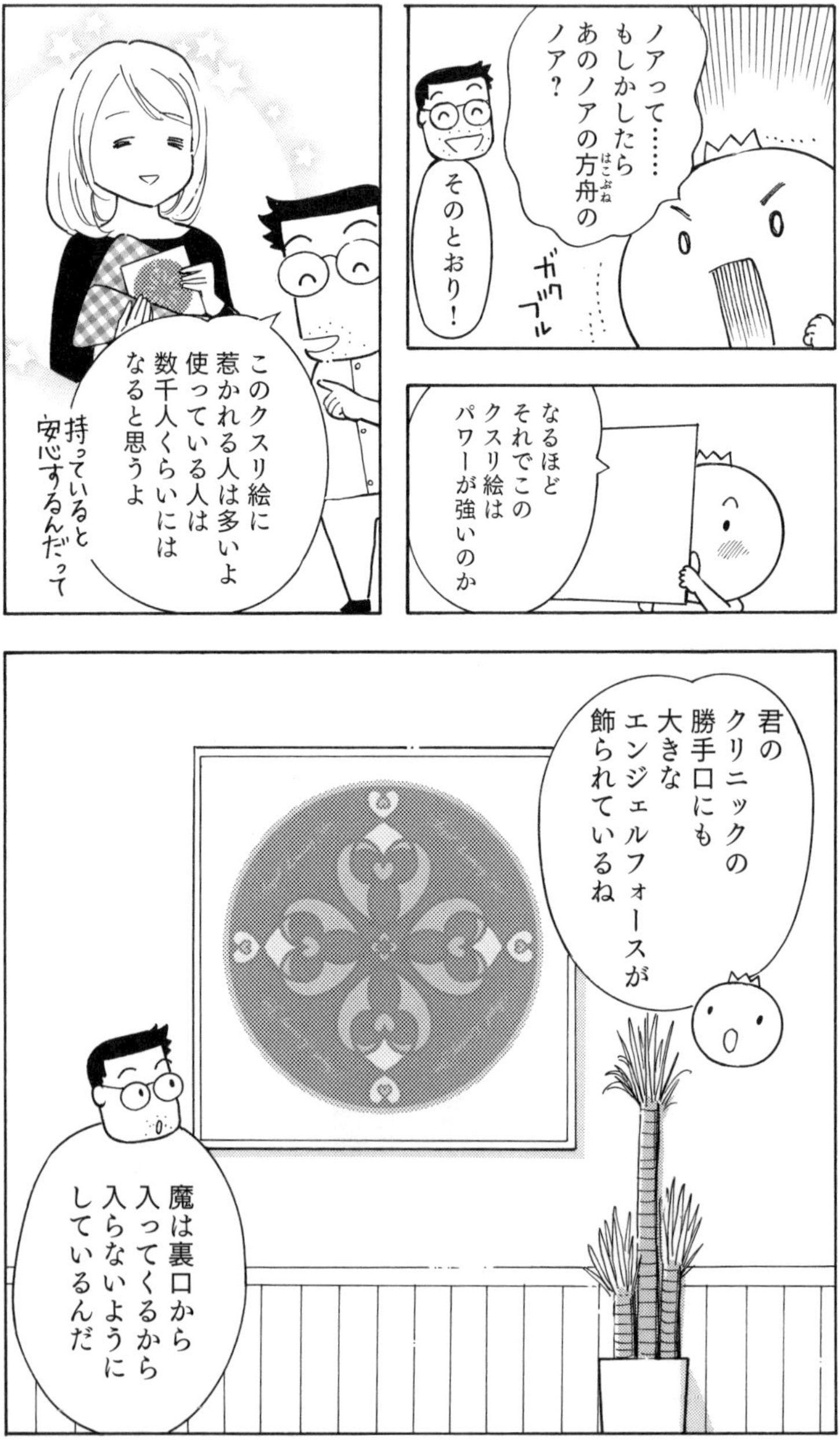
ノアって……もしかしたらあのノアの方舟《はこぶね》のノア？
……
そのとおり！
ガクブル
なるほどそれでこのクスリ絵はパワーが強いのか
このクスリ絵に惹かれる人は多いよ使っている人は数千人くらいにはなると思うよ
持っていると安心するんだって
君のクリニックの勝手口にも大きなエンジェルフォースが飾られているね
魔は裏口から入ってくるから入らないようにしているんだ

普段ぼくたちは自分の力で生きていると勘違いしている
大天使や龍がすごく助けてくれてるのにね
丸
しょうがないよぼくたち人間にはそれが見えないから……
でもたとえ大天使が目に見えなくてもこのクスリ絵を持っていると間違いなく大天使とつながることができる
なるほどねエンジェルフォースのクスリ絵は君のそういう思いで完成したんだね

最近
薬とクスリ絵の
大きな違いに気づいた!
クスリ絵
丸

大きな違いって
何?

クスリ絵を貼ってみると
気持ちがよくなって
目を細める人や
目がウルウルしてくる人
身体が軽くなったって
いう人もいる
ウル
ウル

薬を飲んでも
そんなことは起きない
せいぜい
症状が消えるか
軽くなるだけだ
どうしてだろう？

ぼくが思うには
薬は細胞に
働くけれど
クスリ絵は
身体全体に
働くからじゃ
ないかな？

クスリ絵を貼ると
生命場という
人体に氣を供給する
オーラみたいなものが
大きくなる
クスリ絵
ぺたり

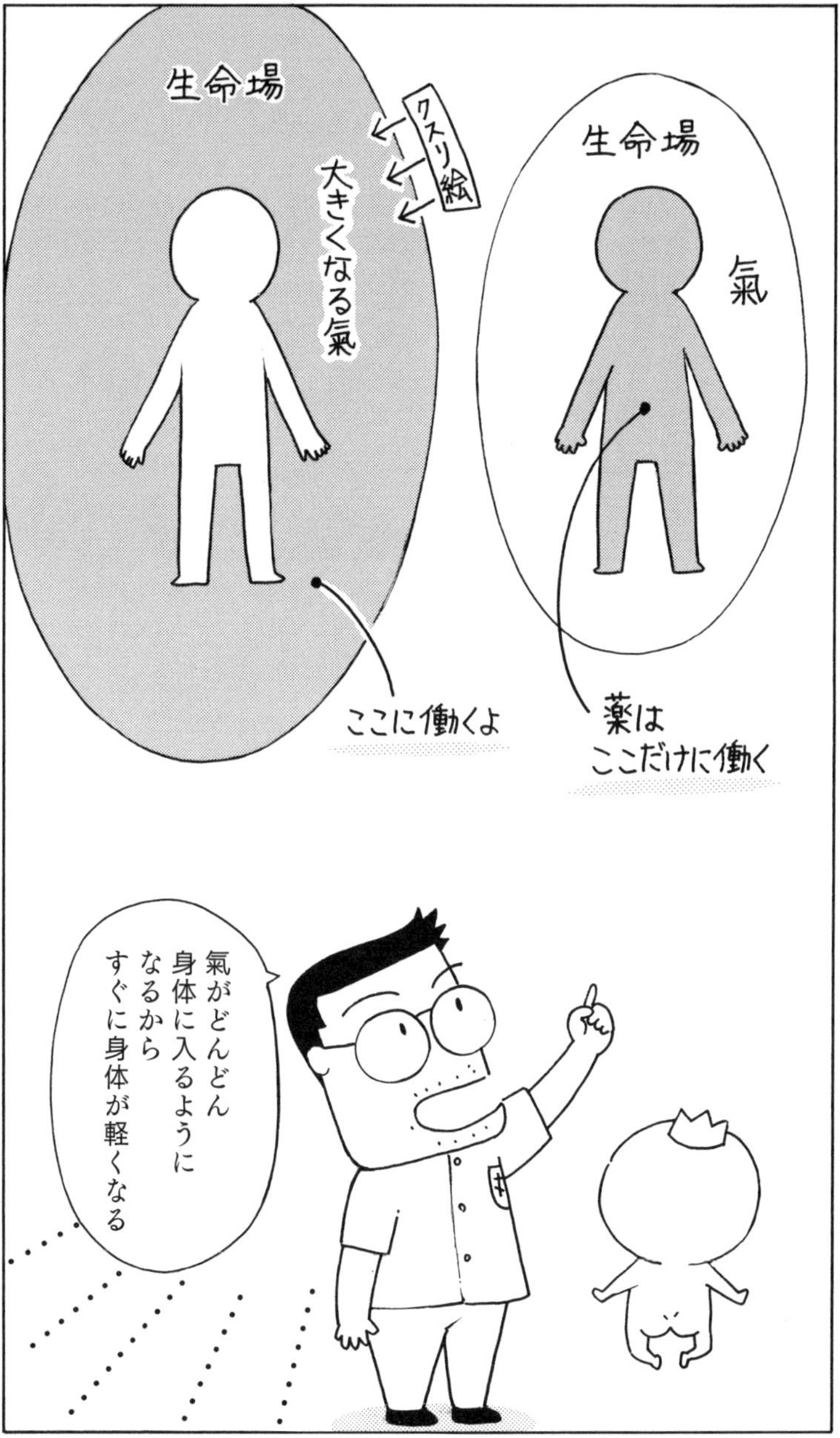
生命場
クスリ絵
大きくなる氣
ここに働くよ
生命場
氣
薬は
ここだけに働く
氣がどんどん
身体に入るように
なるから
すぐに身体が軽くなる

これが
クスリ絵と薬の
大きな違いだったのか！

そう
クスリ絵は
全体を一瞬でよくする

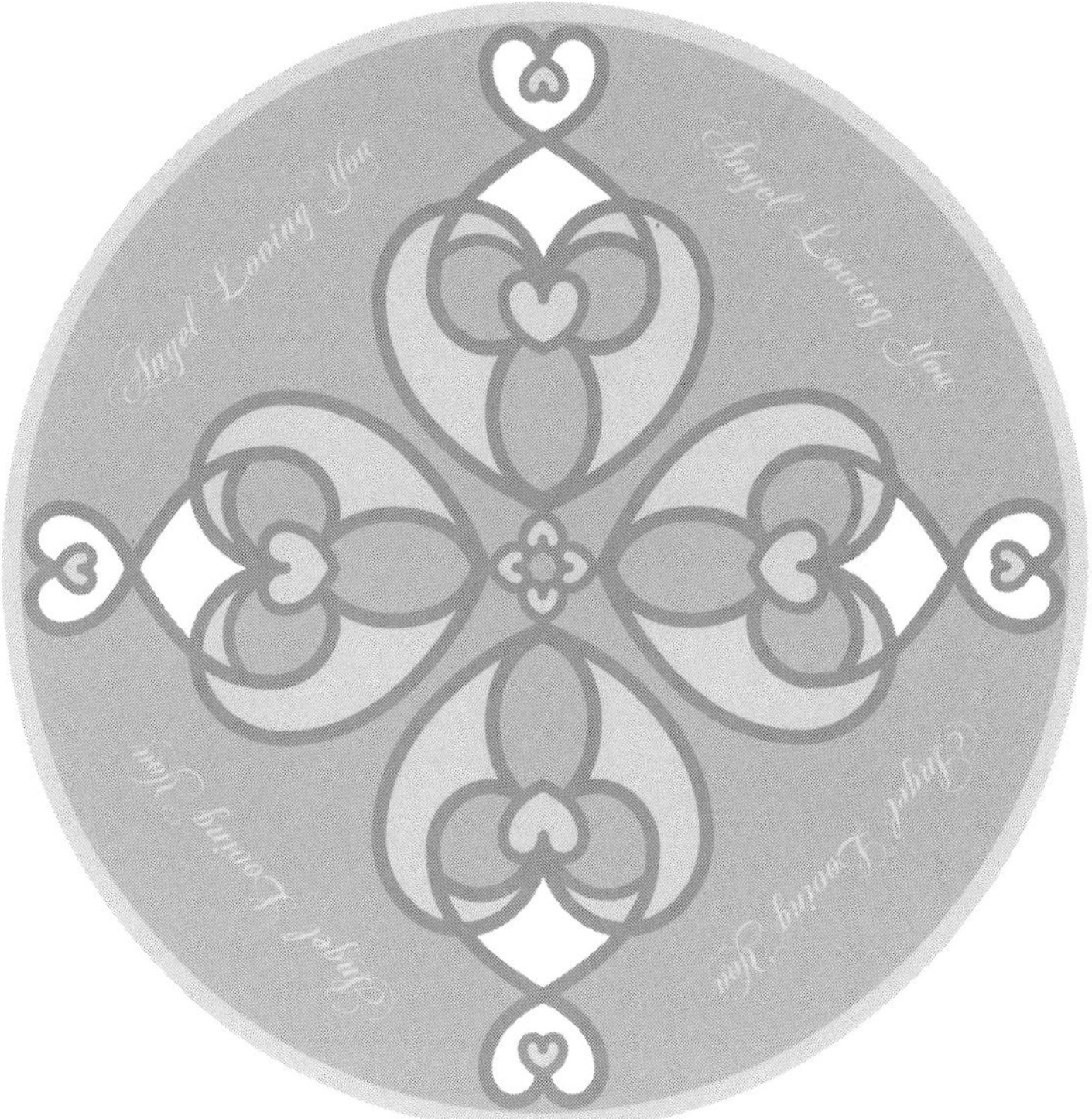

エンジェルフォース

愛のエネルギーで、不安、恐怖、怒りを取り除き、ストレスへの抵抗力を高め、愛でないものをはねのけてくれます。

双龍
ドラゴンのクスリ絵を持つとその人専用の龍がその人につくんだ
龍に乗って人生を思いどおりにする
ぼくはカタカムナドラゴンにも乗っている！
全国各地からカタカムナの力を信じて来る人が多くなった
本当によくなっている人も多いよね

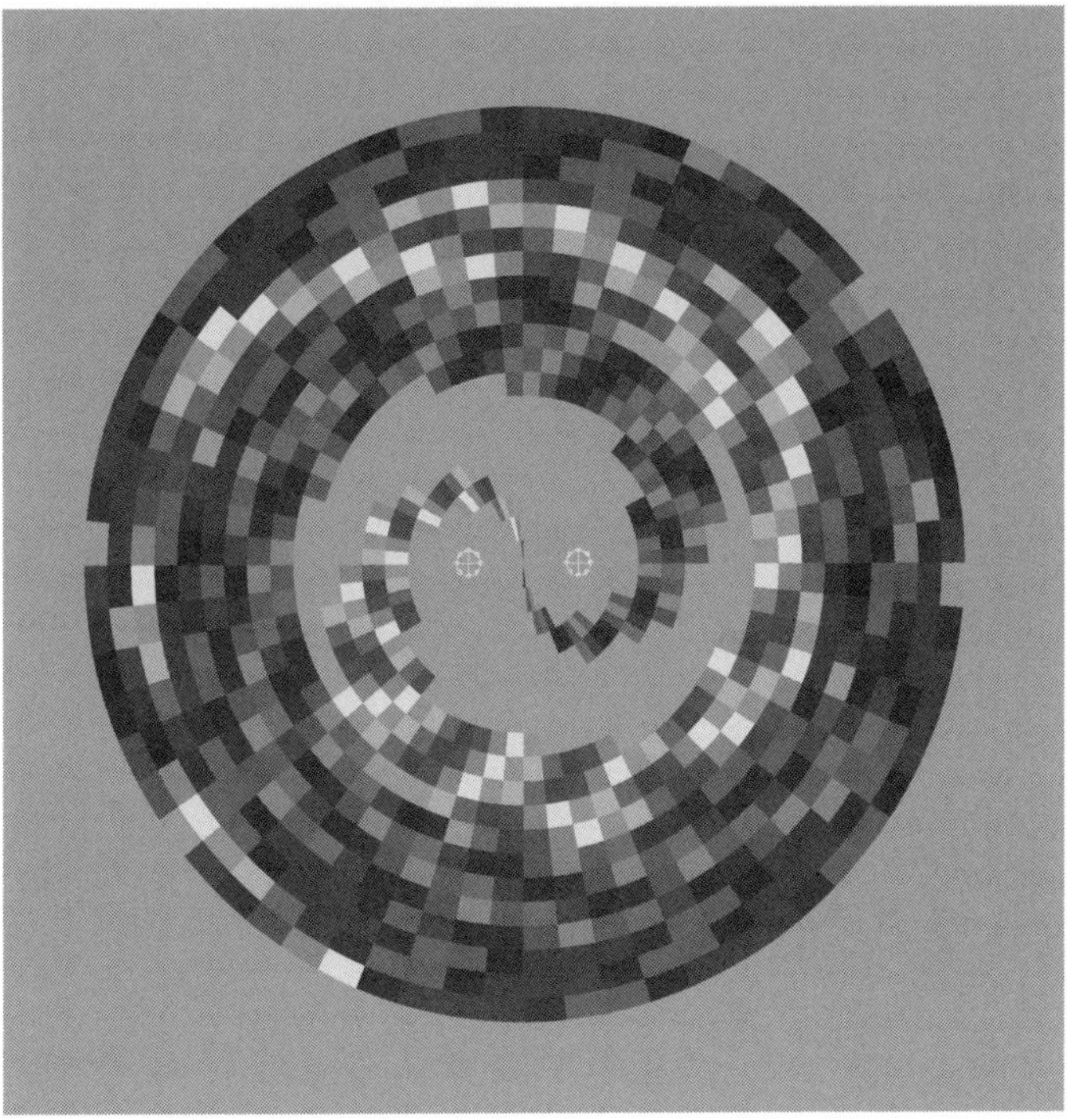

ゴールデンドラゴン

「マイドラゴン」とつながることができます。マイドラゴンとつながることにより、潜在意識が喜び、ハートが開くため、本当の愛に気づくことができます。金運向上の力も持っているので、「○○するのに必要な経済支援をお願いします」などとお願いしてもいいでしょう。

パソコンで
目が……
何をやっても
よくならない
蒸しタオル
WiFiで
目が……
スマホ老眼や
パソコン近視
WiFi黄斑症!

これも病気じゃない病気だね！
だから薬で治らないのか！
内科 小児科
丸山アレルギークリニック
そんなときは電磁波から遠ざかる目クスリ絵を試す
目クスリ絵は紙に描いた絵だろう？
そんなんで目を悪くする静電気や電磁波を防げるのか〜？

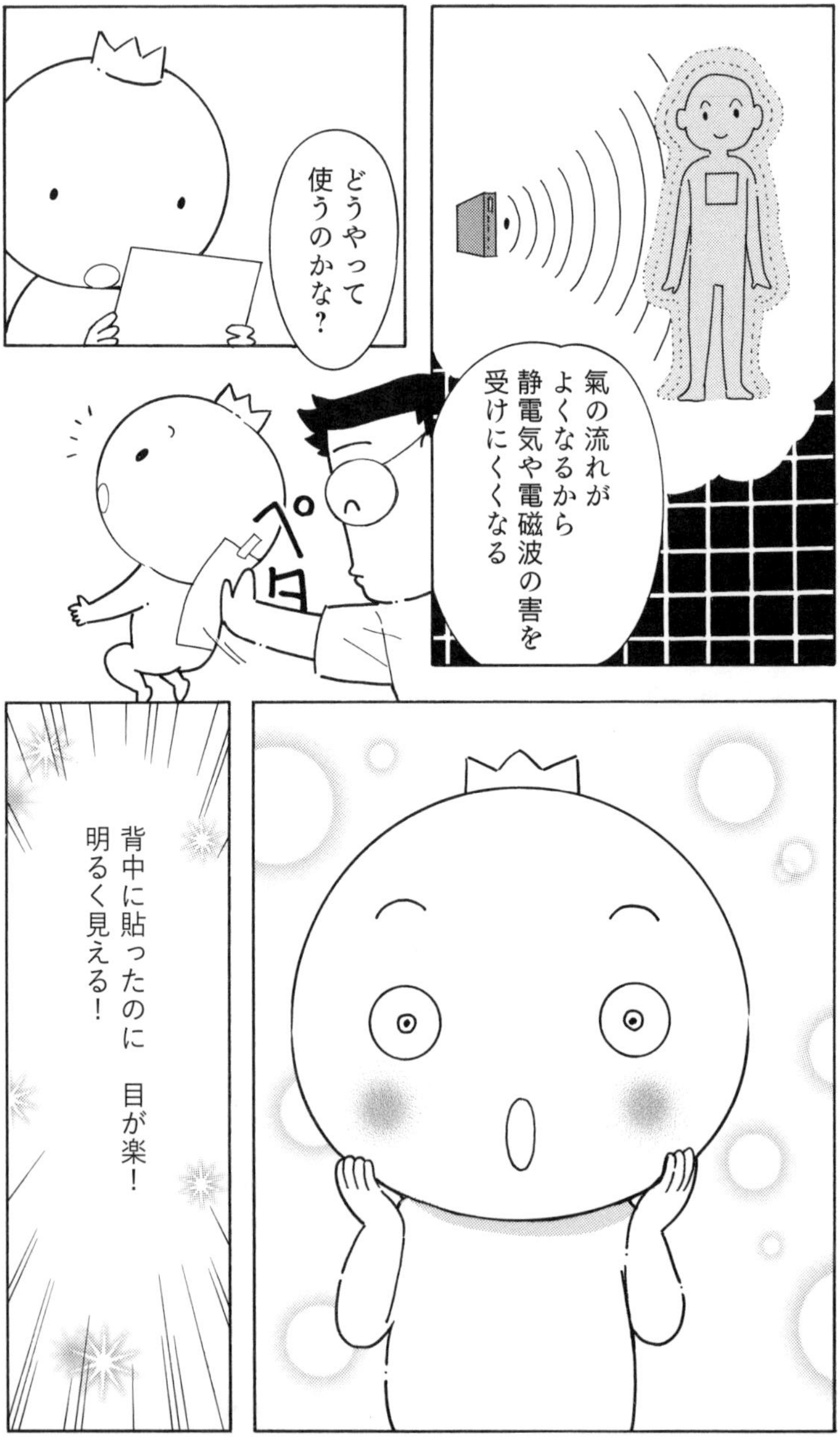
どうやって使うのかな？
氣の流れがよくなるから静電気や電磁波の害を受けにくくなる
ペタ
背中に貼ったのに 目が楽！
明るく見える！

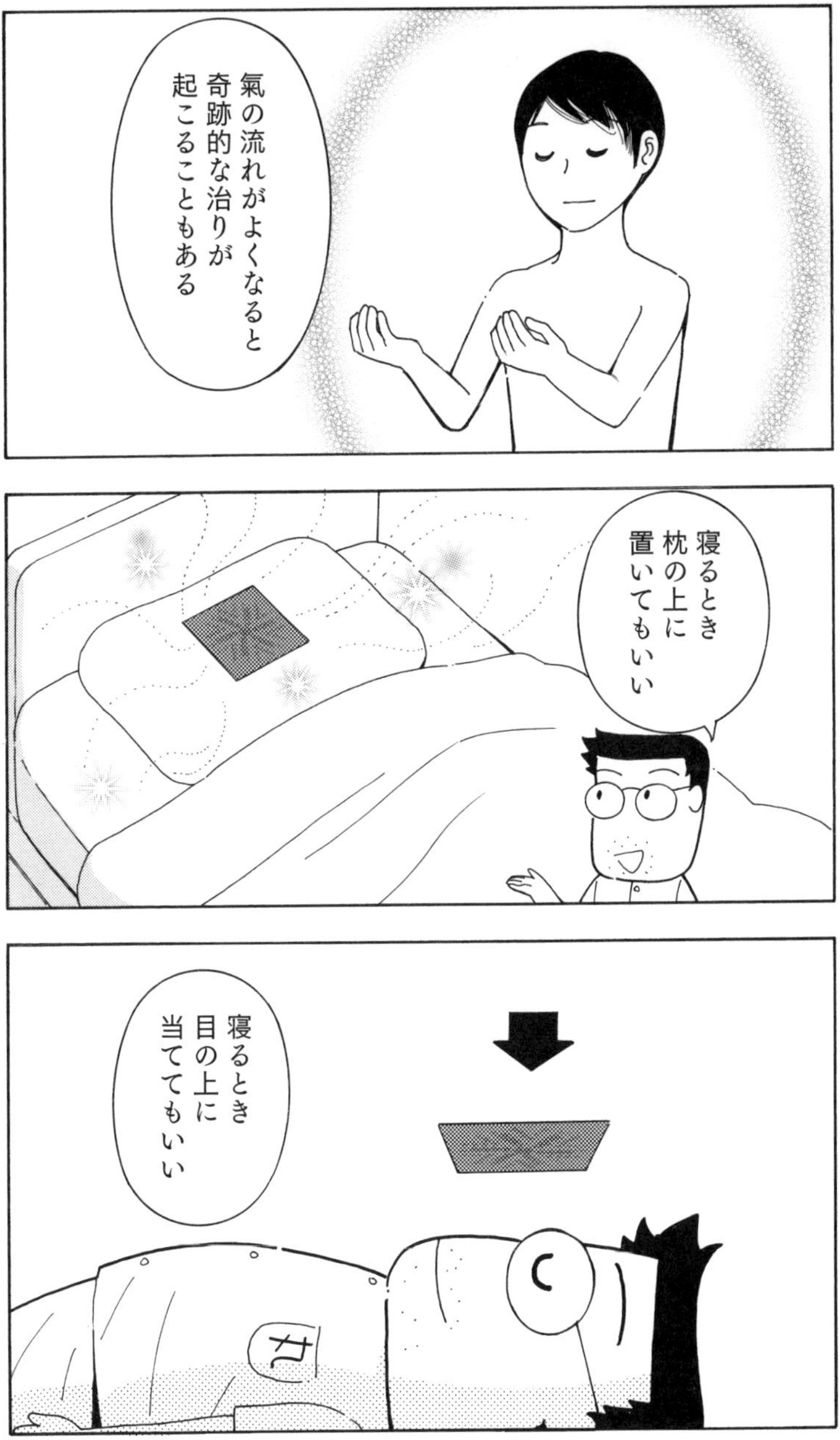
氣の流れがよくなると奇跡的な治りが起こることもある
寝るとき枕の上に置いてもいい
寝るとき目の上に当ててもいい

目クスリ絵（CRP－II）

身体の静電気にアプローチするクスリ絵です。目や鼻がスッキリ、爽快に。原因不明のモヤモヤした気分もスッキリ、晴れ渡ります。

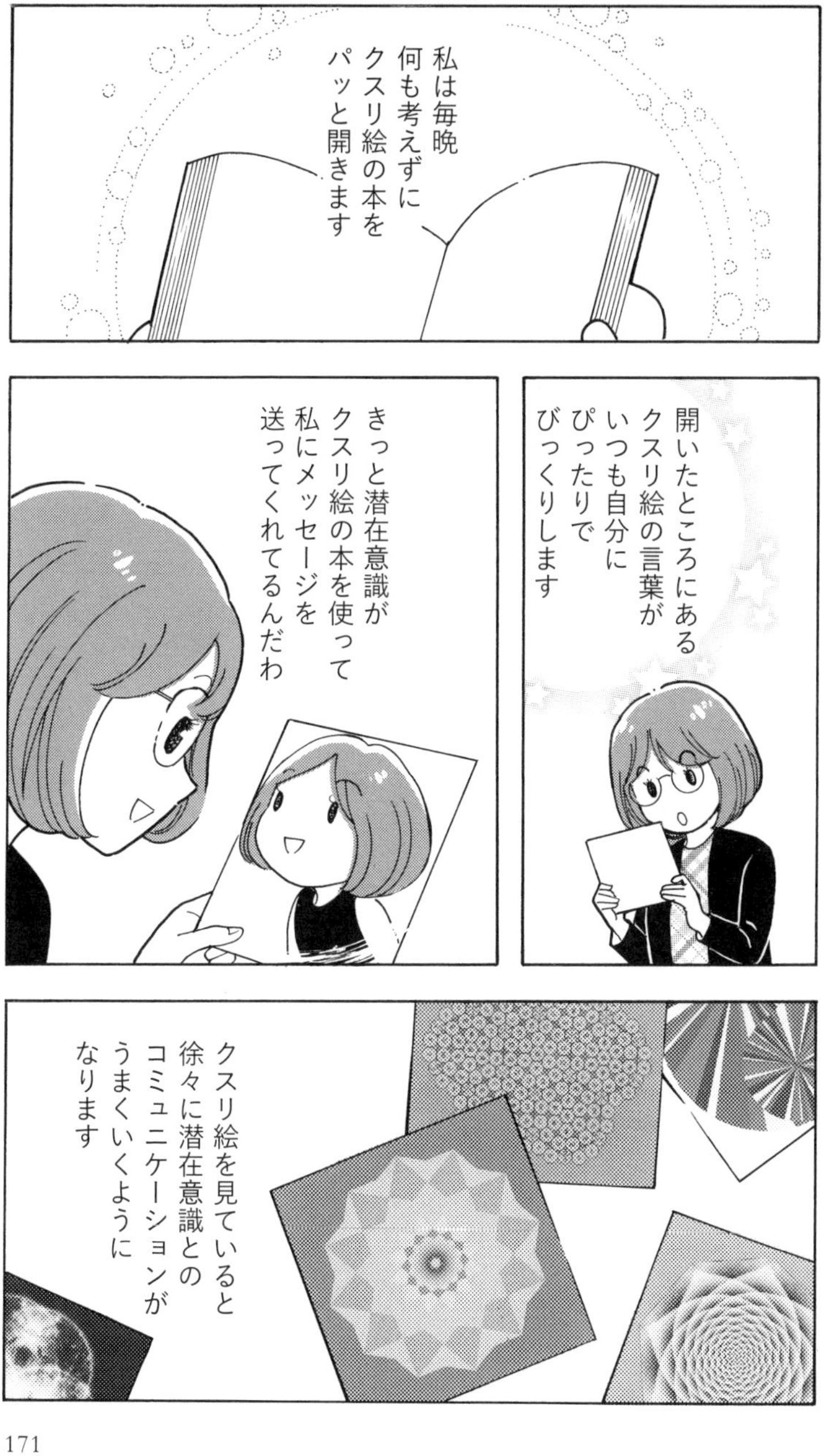
私は毎晩
何も考えずに
クスリ絵の本を
パッと開きます
開いたところにある
クスリ絵の言葉が
いつも自分に
ぴったりで
びっくりします
きっと潜在意識が
クスリ絵の本を使って
私にメッセージを
送ってくれてるんだわ
クスリ絵を見ていると
徐々に潜在意識との
コミュニケーションが
うまくいくように
なります

君を喜ばせたくて この本を買ったんだ
なんだか 君のことが ますます好きに なってきたよ
すると いつの間にか 自分の願いを 潜在意識が 叶えてくれようとします
クスリ絵の横に 自分の願いごとを 書いたら すぐに叶っちゃった
クスリ絵を使って 願いごとを 叶えやすくする コツって あるんですか？
あるよ

願いを書くときは「娘が受験に合格しました」とか過去形で書くんだよ
娘が受験に合格しました
もう願いが叶った！って気持ちで書くんですね
ぼくはいついもお願いを過去形で書いて最後に
○○○○です
神さまあなたの中ではこれはすでに現実です
丸山修寛
「神さまあなたの中ではこれはすでに現実です」って書いてるよ
神さまって潜在意識くんのことでしょ？
イエース
願いを書くときは叶った様子をイメージしてワクワクしながら書くといいかもよ
おじいちゃんが元気になって退院しました。神さまあなたの中ではこれはすでに現実です
○○○
○○試験に合格しました！神さまあなたの中ではこれはすでに現実です！
○○○○

先生が診察のとき
クスリ絵を
くれたでしょ
これを
胸と背中に
貼って寝たら
そのときは
何も感じなかった
でも
背中が熱くて
夜中に
目が覚めた
その後
腰がものすごく
熱くなった
あっという間に
その熱さが
全身に広がった

夢ではなく
ハッキリと
自分の胸から黒い龍が
飛び出したのを感じた
黒い龍は
黒いのではなく
黒い煙を
巻きつけていたため
黒く見えたことが
わかった
それまで
なんとも言えないほど
具合が悪かったのが
嘘のように消えた
龍が私の中の
どす黒いものを
身体の外に出して
くれたんだわ

私の身体が清められたのか
胸と背中から大きな球体が出てきた
本当にこれすごいですよ
この方は初診ですが貴重な体験をされたようです
丸
でも何も感じない人でもクスリ絵を持っているとこの方と同じことが起こるのです
ただ気づかないだけなのです

石川県の小原さんが
９４９８の
コロナに効く数字を
伝えてくれた
これはコロナに効く!!
9498
なぜ小原さんが
コロナに効く
数字を知っている
かというと
キクリ姫が
彼女を通じて
数字を
伝えてくれるからだ
それをぼくは
クスリ絵にする
ところで
話は変わるが
以前から３６９《ミロク》ボサツさんの
中心に
アマテラスオほミカミが
いらっしゃると思っていた

というのは
9×9＝81の
魔方陣は
ミロクの魔方陣と
呼ばれているが
41
その中心の数が
アマテラス
オほミカミさんの
41だからなんだ

31	76	13	36	81	18	29	74	11
22	40	58	27	45	63	20	38	56
67	4	49	72	9	54	65	2	47
30	75	12	32	77	14	34	79	16
21	39	57	23	41	59	25	43	61
66	3	48	68	5	50	70	7	52
35	80	17	28	73	10	33	78	15
26	44	62	19	37	55	24	42	60
71	8	53	64	1	46	69	6	51

9×9の魔方陣は
縦・横・ナナメの
数字を足すと
369になる
そこで
ミロクの魔方陣と
いう

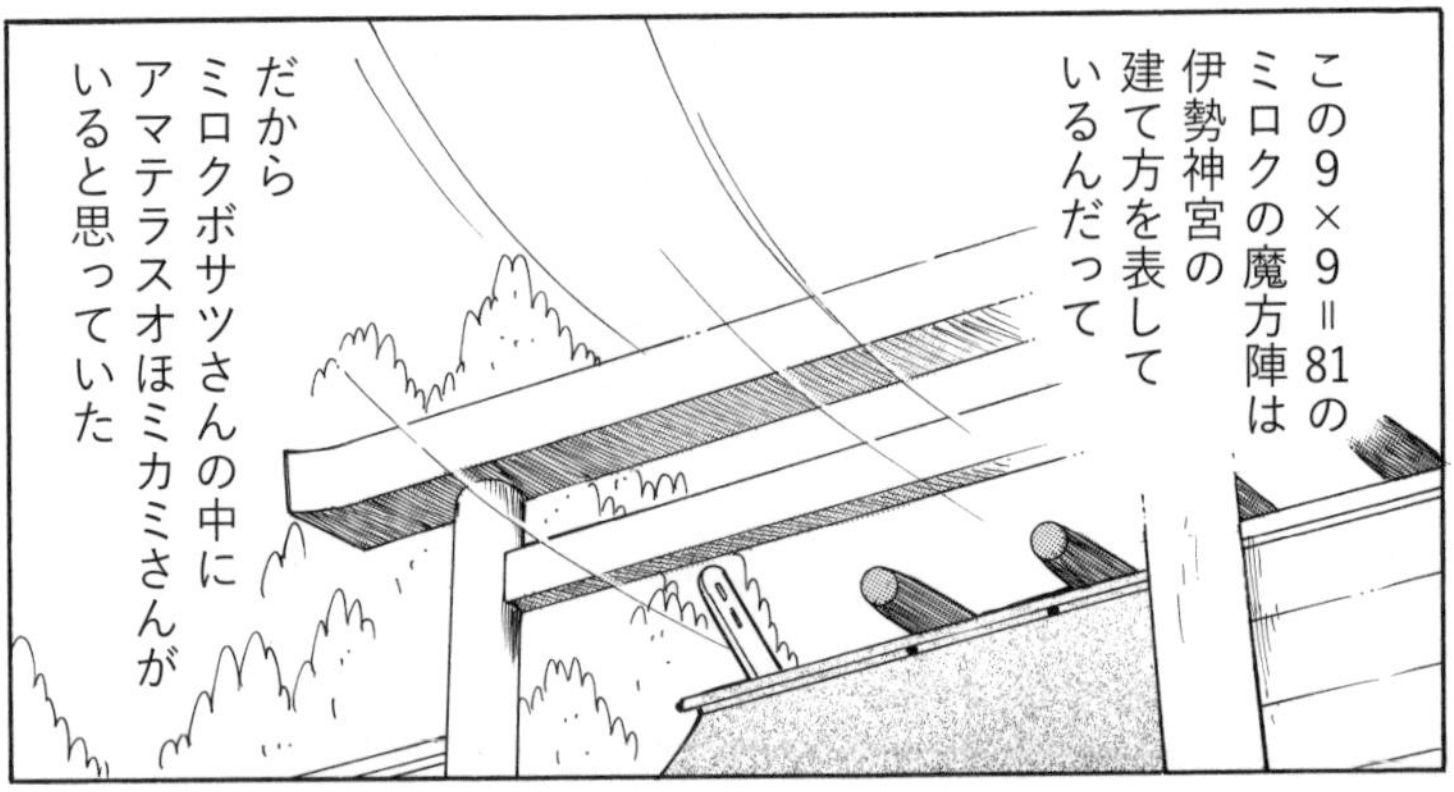
この9×9＝81の
ミロクの魔方陣は
伊勢神宮の
建て方を表して
いるんだって
だから
ミロクボサツさんの中に
アマテラスオほミカミさんが
いると思っていた

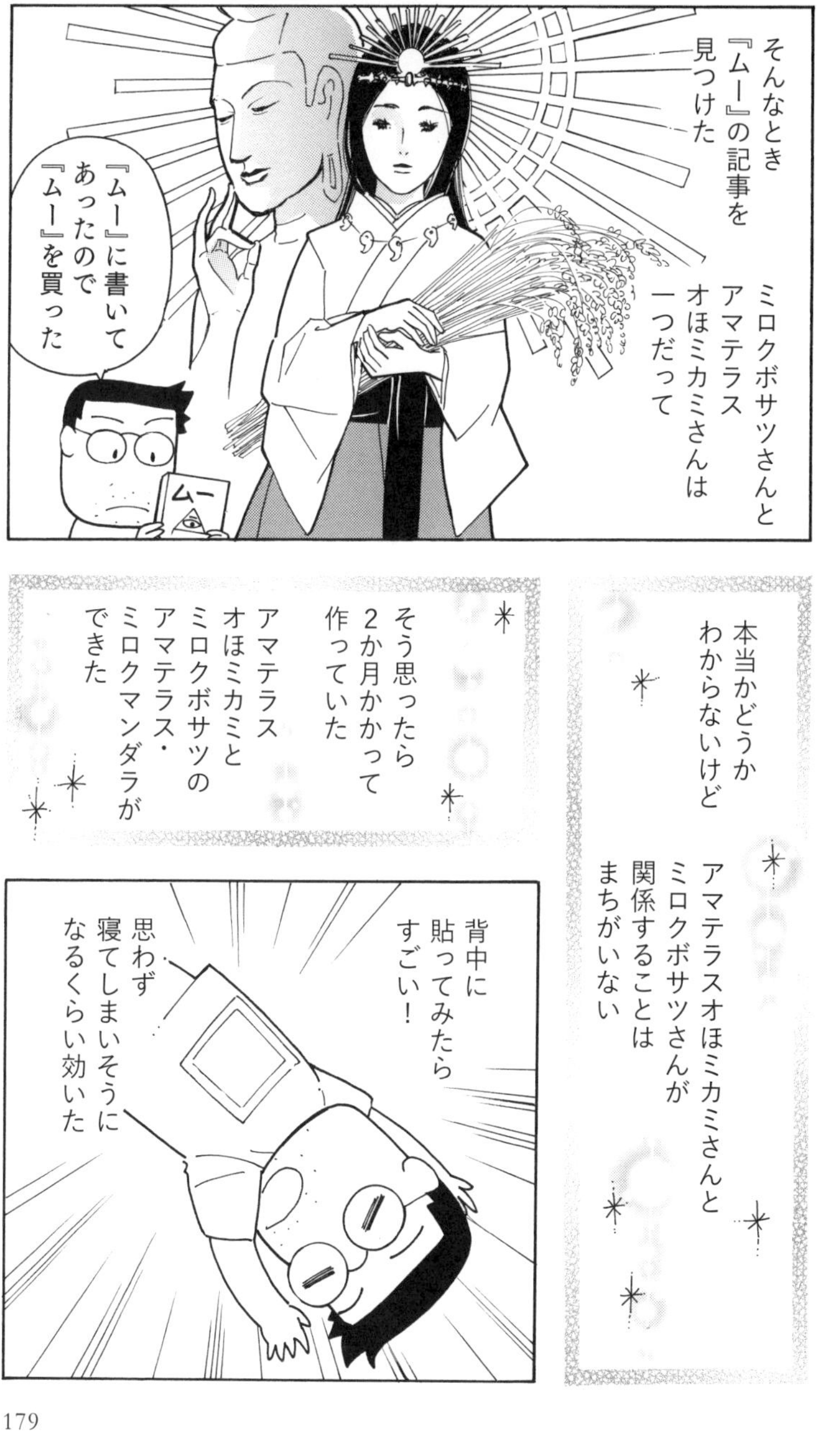
そんなとき『ムー』の記事を見つけた
ミロクボサツさんとアマテラスオほミカミさんは一つだって
『ムー』に書いてあったので『ムー』を買った
ムー
本当かどうかわからないけど
アマテラスオほミカミさんとミロクボサツさんが関係することはまちがいない
そう思ったら2か月かかって作っていた
アマテラスオほミカミとミロクボサツのアマテラス・ミロクマンダラができた
背中に貼ってみたらすごい!
思わず寝てしまいそうになるくらい効いた

アマテラス・ミロクマンダラのクスリ絵（生還）

アマテラスオホミカミとミロクボサツのご加護をいただいて、問題を打破します。

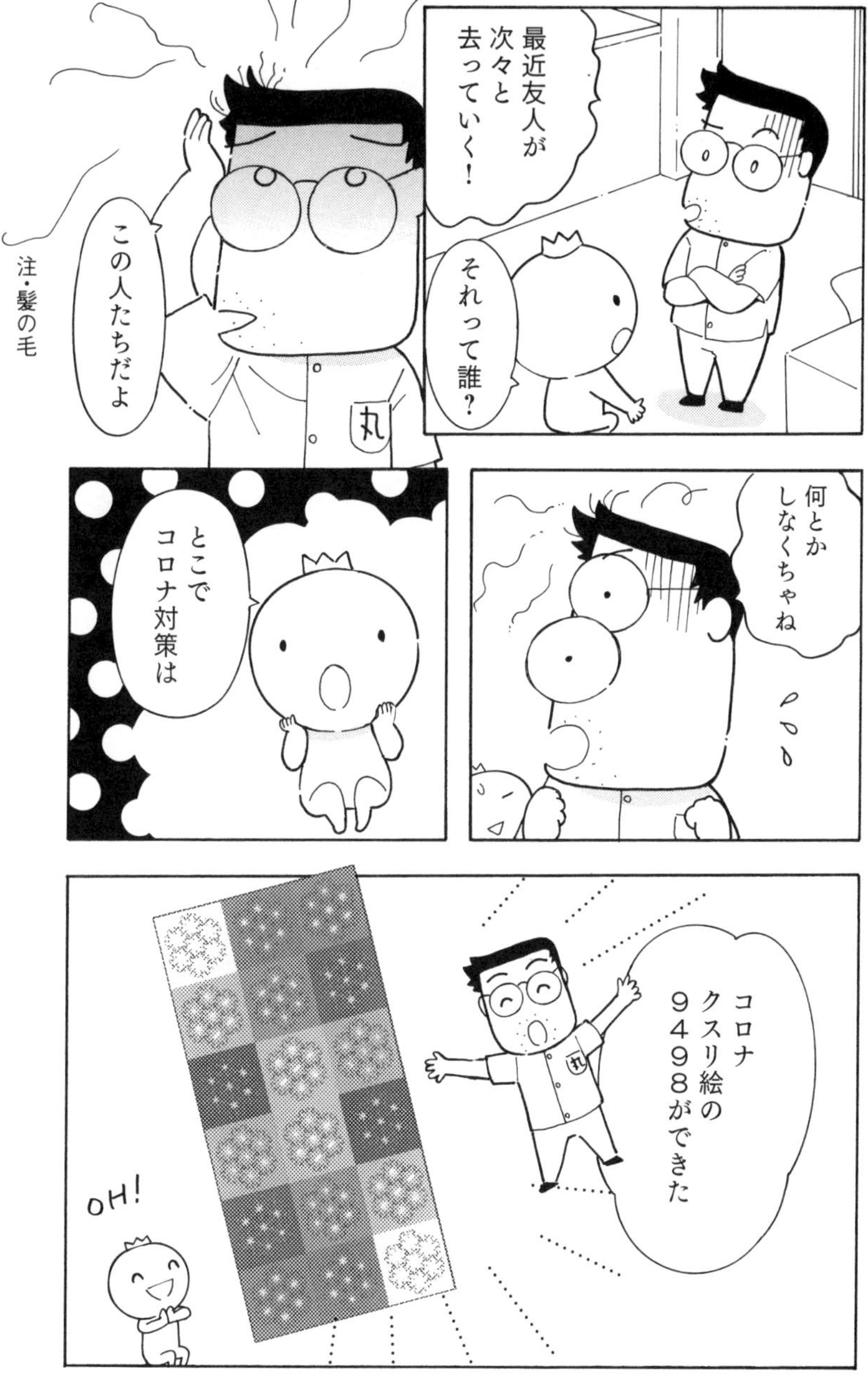
最近友人が次々と去っていく！
それって誰？
この人たちだよ
注・髪の毛
何とかしなくちゃね
とこでコロナ対策は
コロナクスリ絵の９４９８ができた
OH!

どう使うの？
部屋の四隅に貼る 何枚貼っても いいよ
どうやって見つけたの
小松に住まう白山《はくさん》神社のお伝えさんのお伝えをもとに
作らせてもらったよ
石川県
小松市
加賀
日本三大霊山
白山
福井県
丸

コロナ－D

コロナウイルスに負けない意識を創造します。

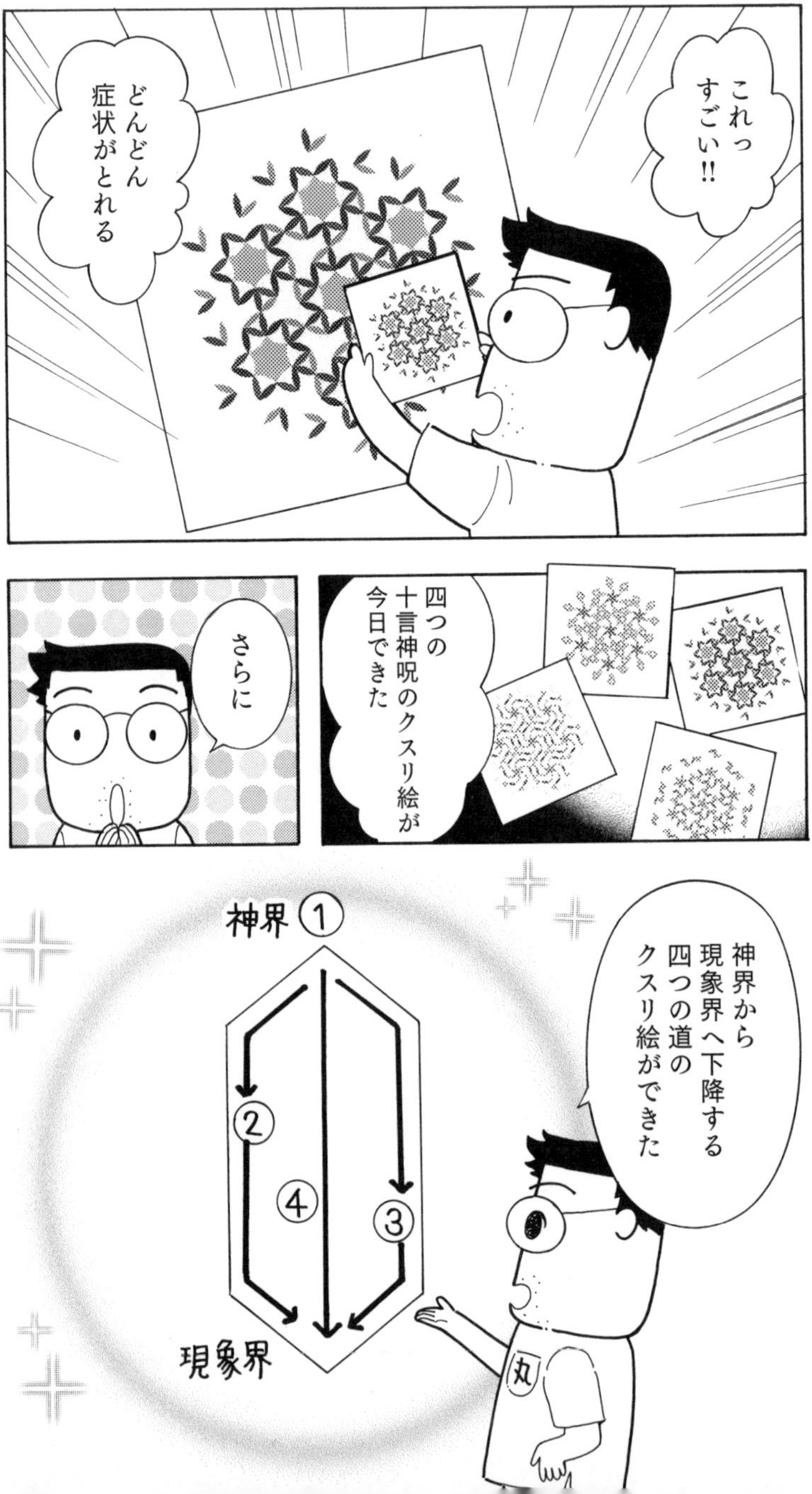
これっ すごい!!
どんどん 症状がとれる
さらに
四つの十言神呪のクスリ絵が今日できた
神界①
②
④
③
現象界
神界から現象界へ下降する四つの道のクスリ絵ができた
丸

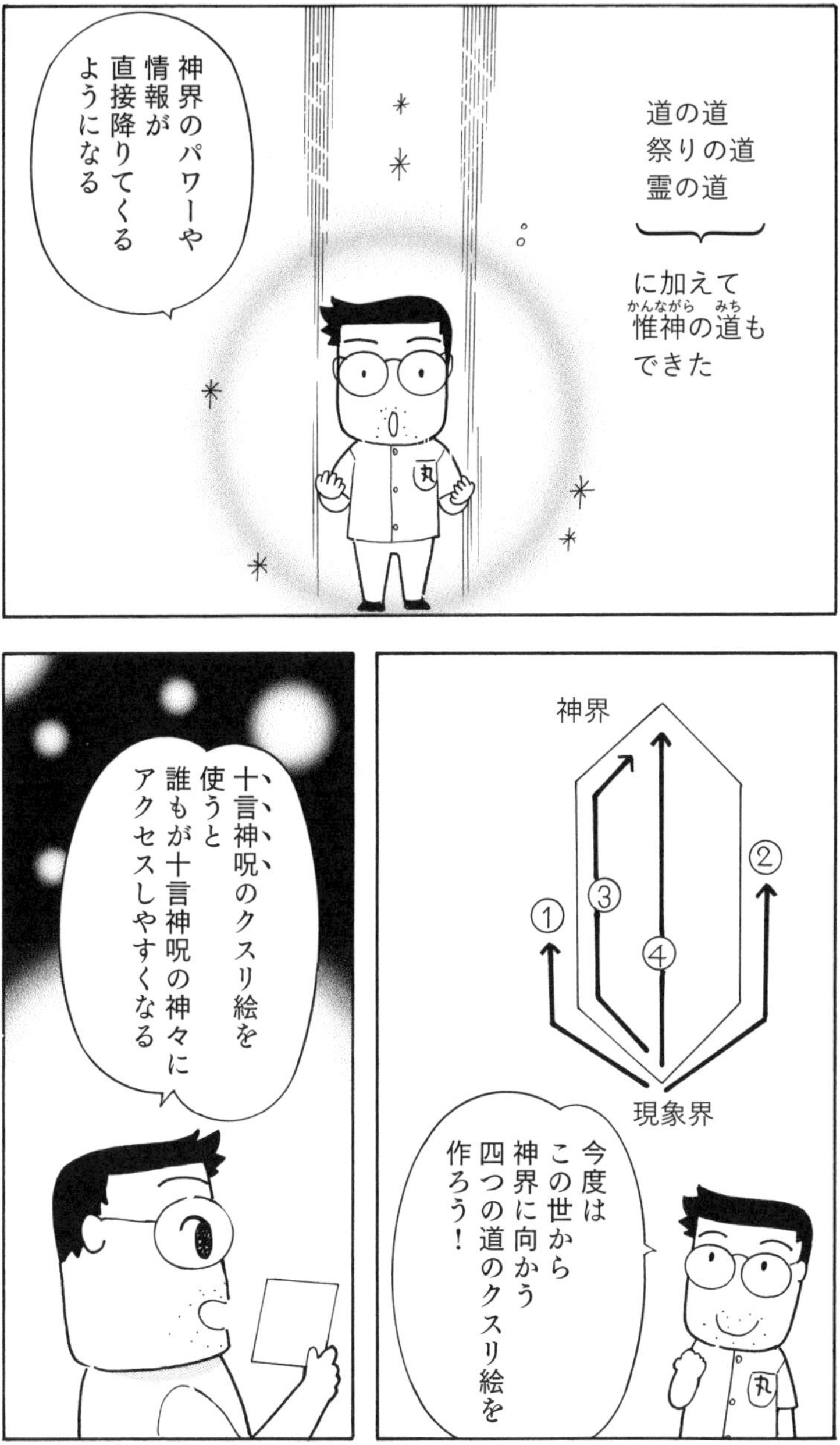
道の道
祭りの道
霊の道
に加えて
惟神《かんながら》の道《みち》もできた
神界のパワーや情報が直接降りてくるようになる
神界
①
②
③
④
現象界
今度はこの世から神界に向かう四つの道のクスリ絵を作ろう！
十言神呪のクスリ絵を使うと誰もが十言神呪の神々にアクセスしやすくなる

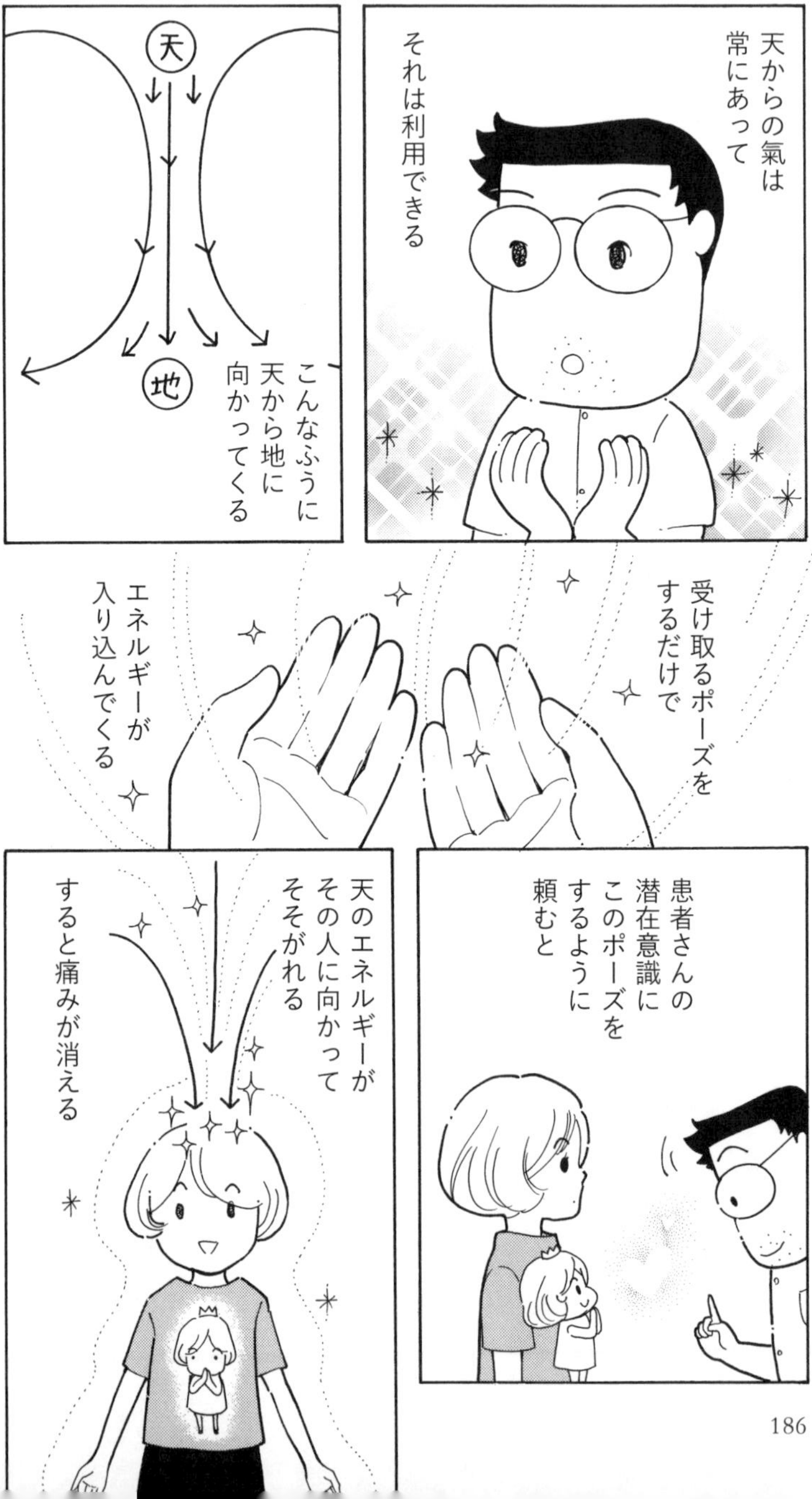
天からの氣は
常にあって
それは利用できる
天
地
こんなふうに
天から地に
向かってくる
受け取るポーズを
するだけで
エネルギーが
入り込んでくる
患者さんの
潜在意識に
このポーズを
するように
頼むと
天のエネルギーが
その人に向かって
そそがれる
すると痛みが消える

第四章

四つの言葉で奇跡を起こす
ホ・オポノポノ

ホ・オポノポノとは

ホ・オポノポノとは、ハワイに伝わる伝統的なセルフ・クリーニング（心の浄化・掃除）の方法です。「ホ・オ」とは目標、「ポノポノ」とは完璧を意味します。

問題が起きたとき、私たちはその問題にばかりフォーカスしてしまいますが、問題の本当の原因は、あなたの内にいるもう一人の自分である潜在意識（インナーチャイルド。ハワイの言葉ではウニヒピリ）に蓄積された記憶にあるのです。そして、問題というのはその記憶が再生されることによって起きるのです。

記憶をクリーニングして消去し、現実世界の中で起こる問題を修正し、解決しながら本当の自分に出会うこと、これがホ・オポノポノの目的です。

他人悪《お》ろし
我よく
私利私欲
「行き過ぎた身欲は身を滅ぼす
気をつけないとね」
なんて思っていると
そうだよ
——と
潜在意識から
答えがくる
ぼくが
君の考えに対して
YESとか
NOとか
言うときには
特別な方法を
用いるよ
YESの
ときは
お腹の音で
知らせてくれる
ことが多い
!
グルグルッ
丸
ほわわ〜ん
他には
お腹の一部を
あったかくして
YESの表示を
してくれる
今は
何をしているのか
視てみると……
今はくつろいでいる
丸

「ありがとう
ごめんなさい
許してください
愛しています」って
思うだけで
グルグル〜
「それでいい」という
合図をお腹を鳴らして
教えてくれる
でも
四つの言葉を
言っても
何も変わらない
って人もいて
ときどき
相談を受ける
でもぼくにだって
どうしたら
その人が
潜在意識と
仲良くできるか
知らない
一つ言えることは
赤子のような
気持ちで
接しないといけないと
いうこと
物事の良し悪しの
判断を手放すことは
赤子のようになるための
一つの方法かも!!

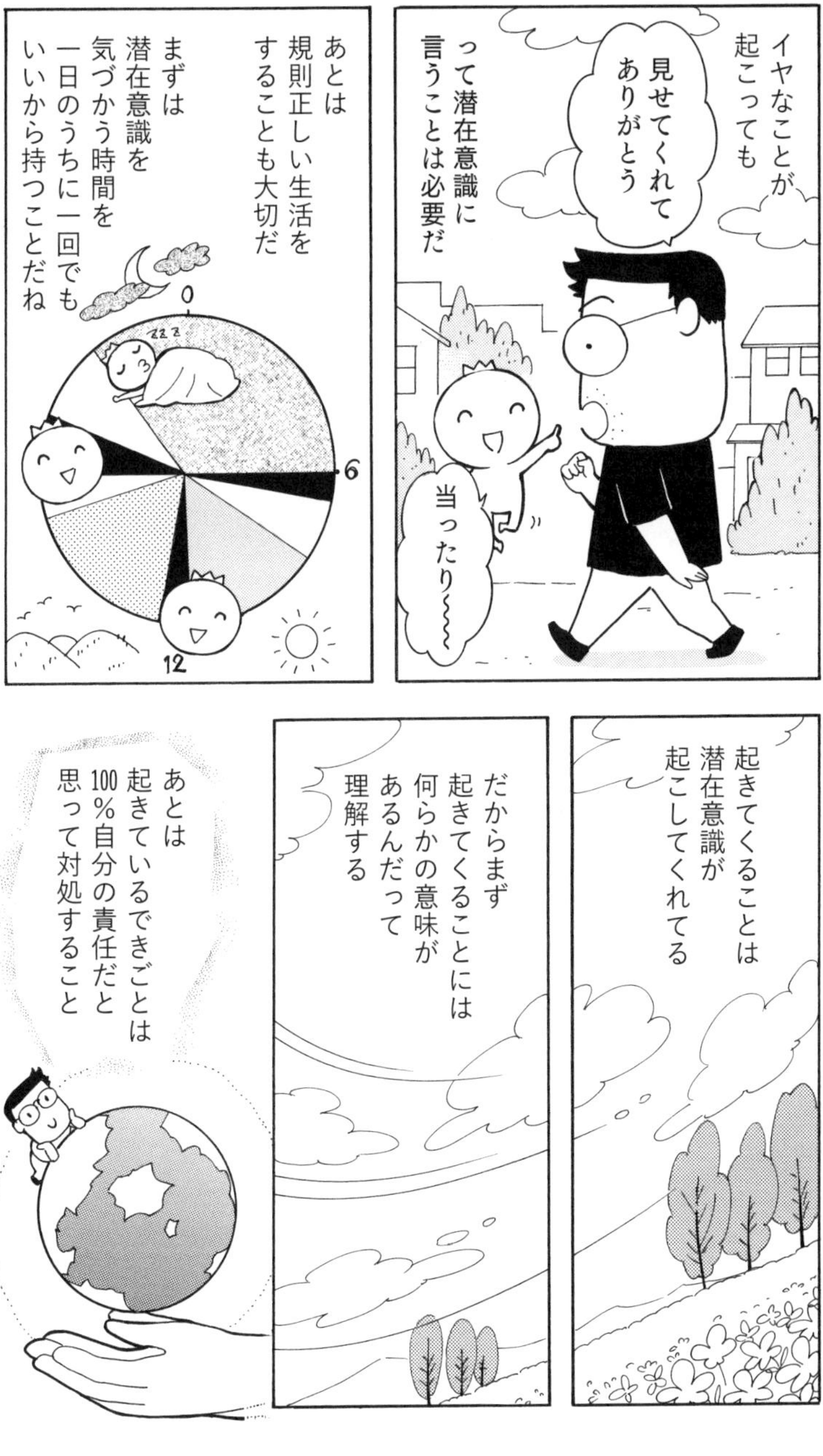
イヤなことが起こっても
見せてくれてありがとう
って潜在意識に言うことは必要だ
当ったり〜〜〜
あとは規則正しい生活をすることも大切だ
まずは潜在意識を気づかう時間を一日のうちに一回でもいいから持つことだね
0
6
12
起きてくることは潜在意識が起こしてくれてる
だからまず起きてくることには何らかの意味があるんだって理解する
あとは起きているできごとは100%自分の責任だと思って対処すること

なぜなら
ぼくの潜在意識が出す
記憶(データ)が
物事を決めているから
データ
結局
自分(ぼくと潜ちゃん)の
責任なんだ
イヤだなあと
思うことがあれば
「ありがとう
ごめんなさい
許してください
愛しています」
ってぼくが言う
バイバーイ
ぼくはその記憶を
手放す
記憶のつぼ
みたいなもの
君がまず
「愛しています……」を
言わないと
現状は何も
変わらない

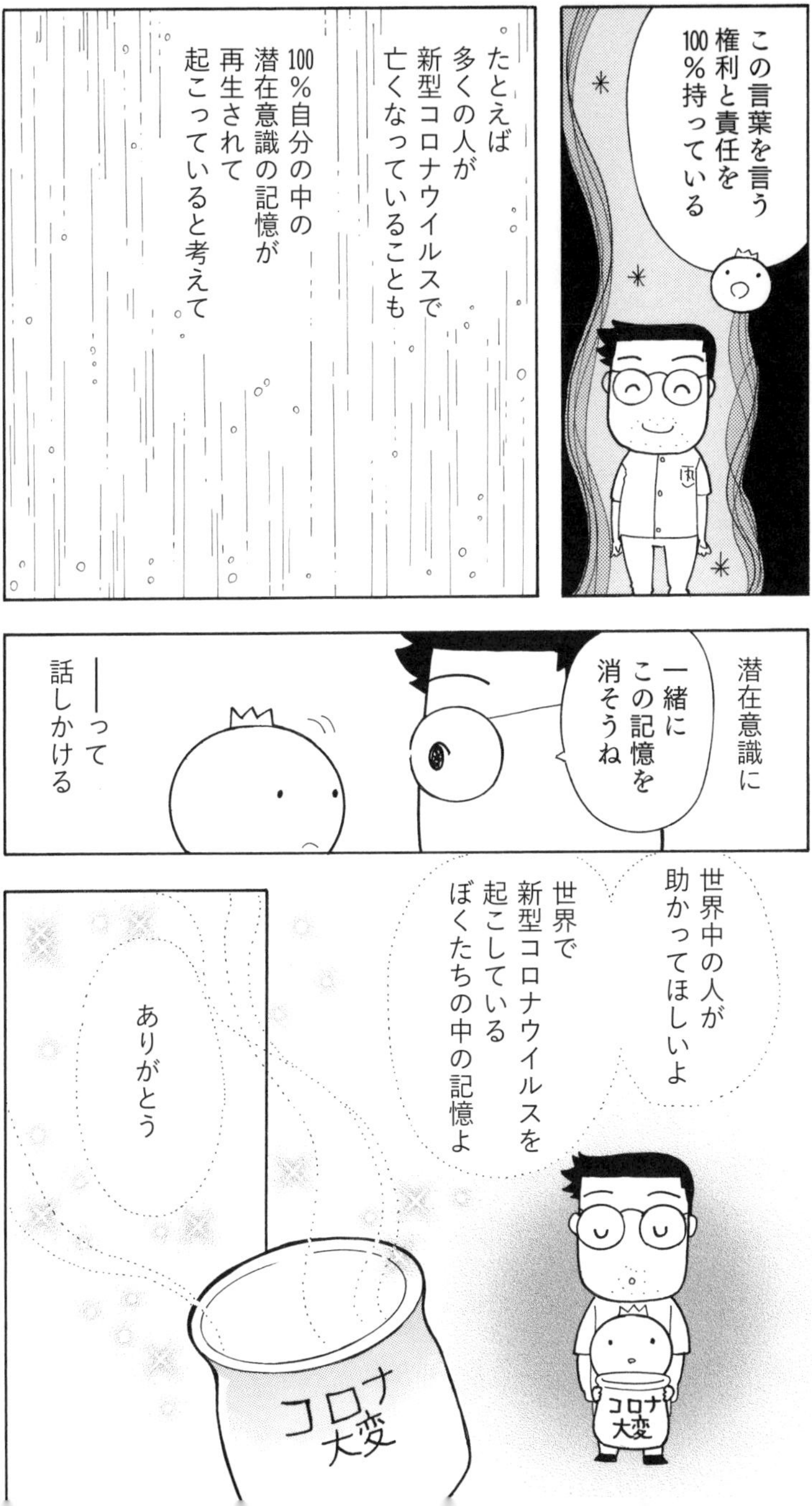
この言葉を言う
権利と責任を
100%持っている
たとえば
多くの人が
新型コロナウイルスで
亡くなっていることも
100%自分の中の
潜在意識の記憶が
再生されて
起こっていると考えて
潜在意識に
一緒に
この記憶を
消そうね
──って
話しかける
世界中の人が
助かってほしいよ
世界で
新型コロナウイルスを
起こしている
ぼくたちの中の記憶よ
ありがとう
コロナ
大変
コロナ
大変

ホ・オポノポノ⑥

記憶と
データを
一緒に
「ありがとう」って
消していくんだ
すると
世界が変わる
新たな記憶(データ)が
現れて
その記憶《データ》にしたがって
世界が創造しなおされる
世界中から
新型コロナウイルスの
原因となっている
データが
上にあがっていく

世界中の人が助かりますように
ありがとう ごめんなさい 許してください 愛しています
もちろん 自分も家族も 助かりますように
世界が変わるなんてすごい
はじめは気づかないほど小さな変化
でも気づいたときにはすごく大きな変化に
ぼくたちには神と同じか神と協力して世界を創造する力が与えられている
神の中に自分を見出し 自分の中に神を見出す
それが ホ・オポノポノの力

⑧

今こそ
ホ・オポノポノを
するとき!!
あっ
もう一つ
うまくいかない
原因を見つけた!
何?
自分は
人生の被害者だと
思っていると
潜在意識と
打ち解けることが
できない
100%自分の責任と
いうことは
「自分は被害者ではない」
ってことだからね
なあるほどね!

新型コロナは
100%ぼく(自分)と
ぼく(潜ちゃん)の
責任だ
地球に
「ごめん」って
言いにいこう
新型コロナは
地球の上で
起こっている
ことだしね

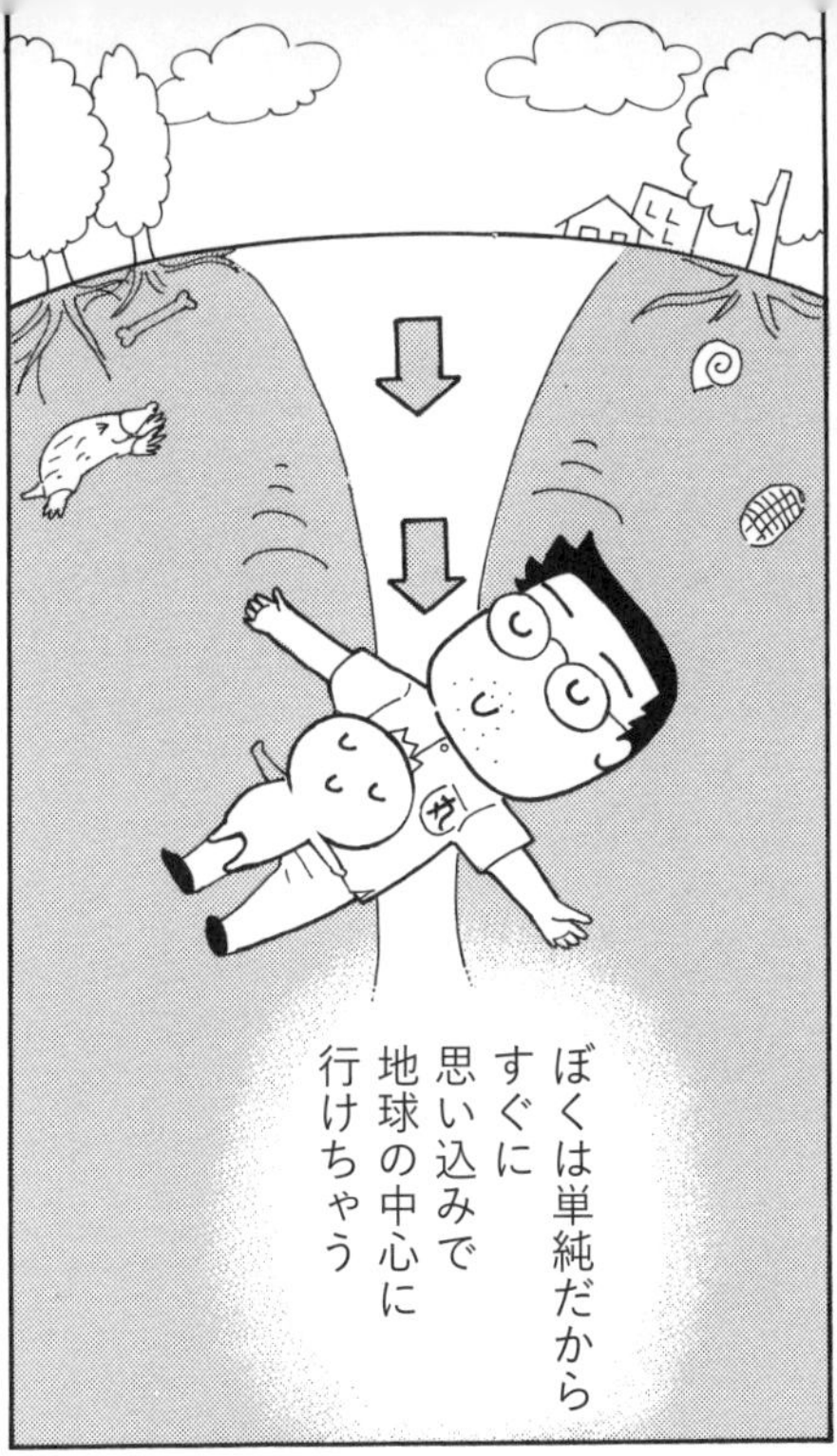
ぼくは単純だから
すぐに
思い込みで
地球の中心に
行けちゃう

地球の核に
来たね

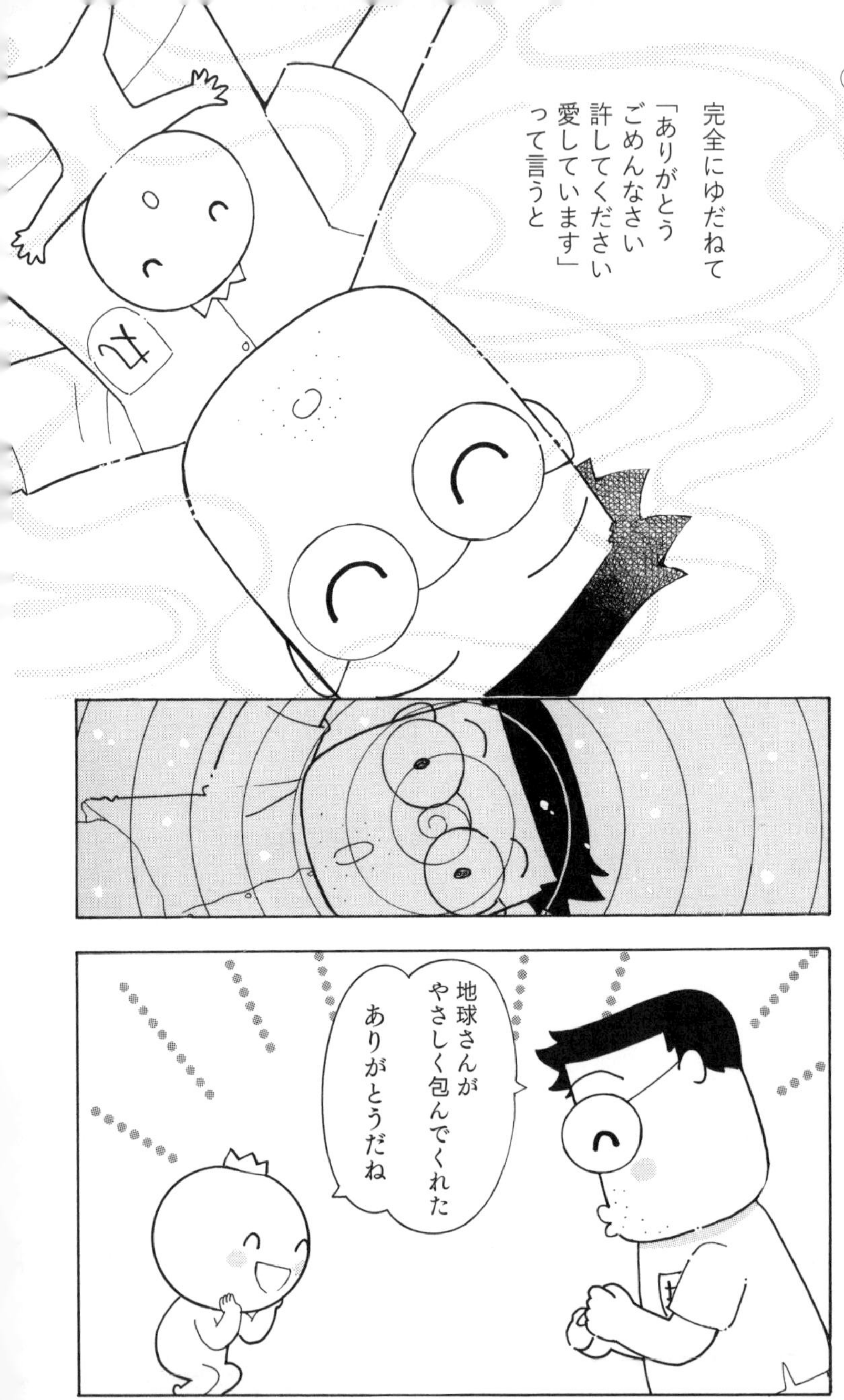
⑩
完全にゆだねて
「ありがとう
ごめんなさい
許してください
愛しています」
って言うと
地球さんが
やさしく包んでくれた
ありがとうだね

おどろいた！
何に!!
ハートの聖なる空間に入ると透視能力がクリアになる
ハートの聖なる空間って何??
いい質問だね
♡《ハート》の聖なる空間は物質的な心臓という臓器とつながっている
心臓
目に見えない空間さ

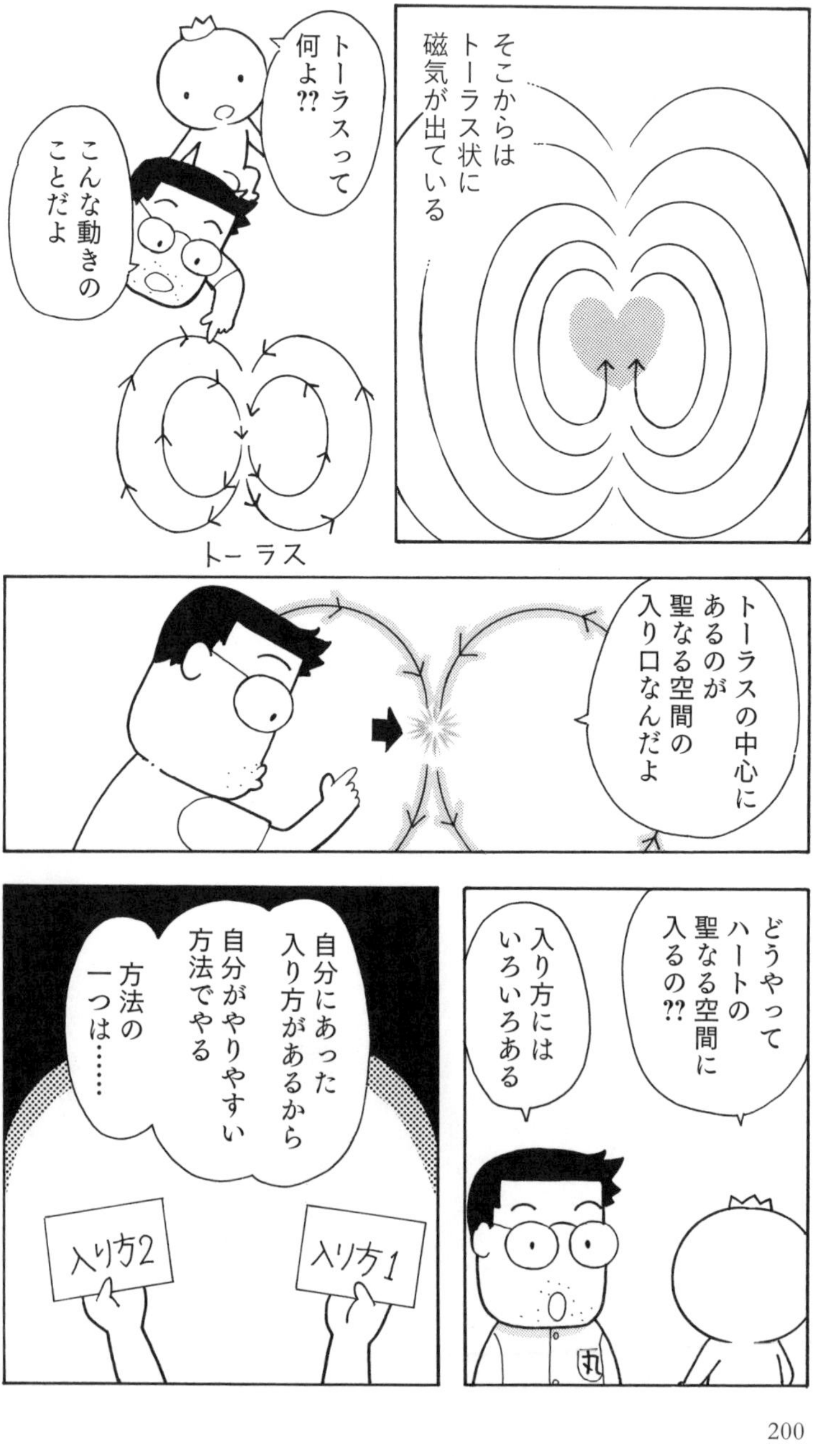
そこからは
トーラス状に
磁気が出ている
トーラスって
何よ??
こんな動きの
ことだよ
トーラス
トーラスの中心に
あるのが
聖なる空間の
入り口なんだよ
どうやって
ハートの
聖なる空間に
入るの??
入り方には
いろいろある
自分にあった
入り方があるから
自分がやりやすい
方法でやる
方法の
一つは……
入り方1
入り方2

①目をつむって
匂いをかぐことによって
頭にある意識を
鼻に持ってくる
②ツバを飲み込んで
意識を咽に持ってくる
③息を吸って
意識を肺に持ってくる
④肺の近くの心臓から
ハートに私という意識が
入る
脳みそ
丸ちゃんの意識

ハートの聖なる空間へ
君(潜在意識)と
一緒に入るには
まず心臓をイメージして
心臓のカベを
通り抜ける
感じを持つ
ハート♡の中の
私の意識

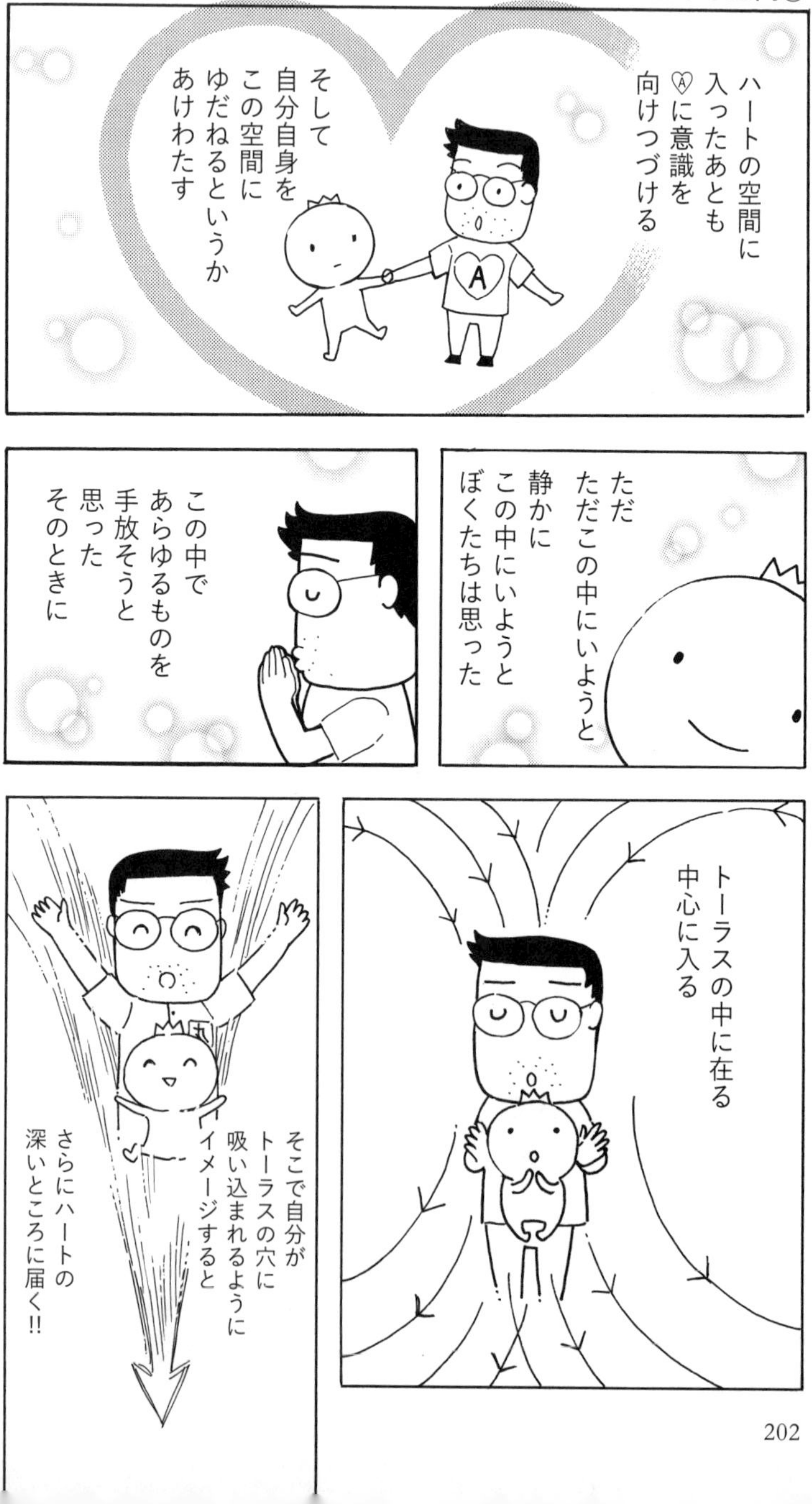
ハートの空間に
入ったあとも
♡に意識を
向けつづける
そして
自分自身を
この空間に
ゆだねるというか
あけわたす
ただ
ただこの中にいようと
静かに
この中にいようと
ぼくたちは思った
この中で
あらゆるものを
手放そうと
思った
そのときに
トーラスの中に在る
中心に入る
そこで自分が
トーラスの穴に
吸い込まれるように
イメージすると
さらにハートの
深いところに届く!!

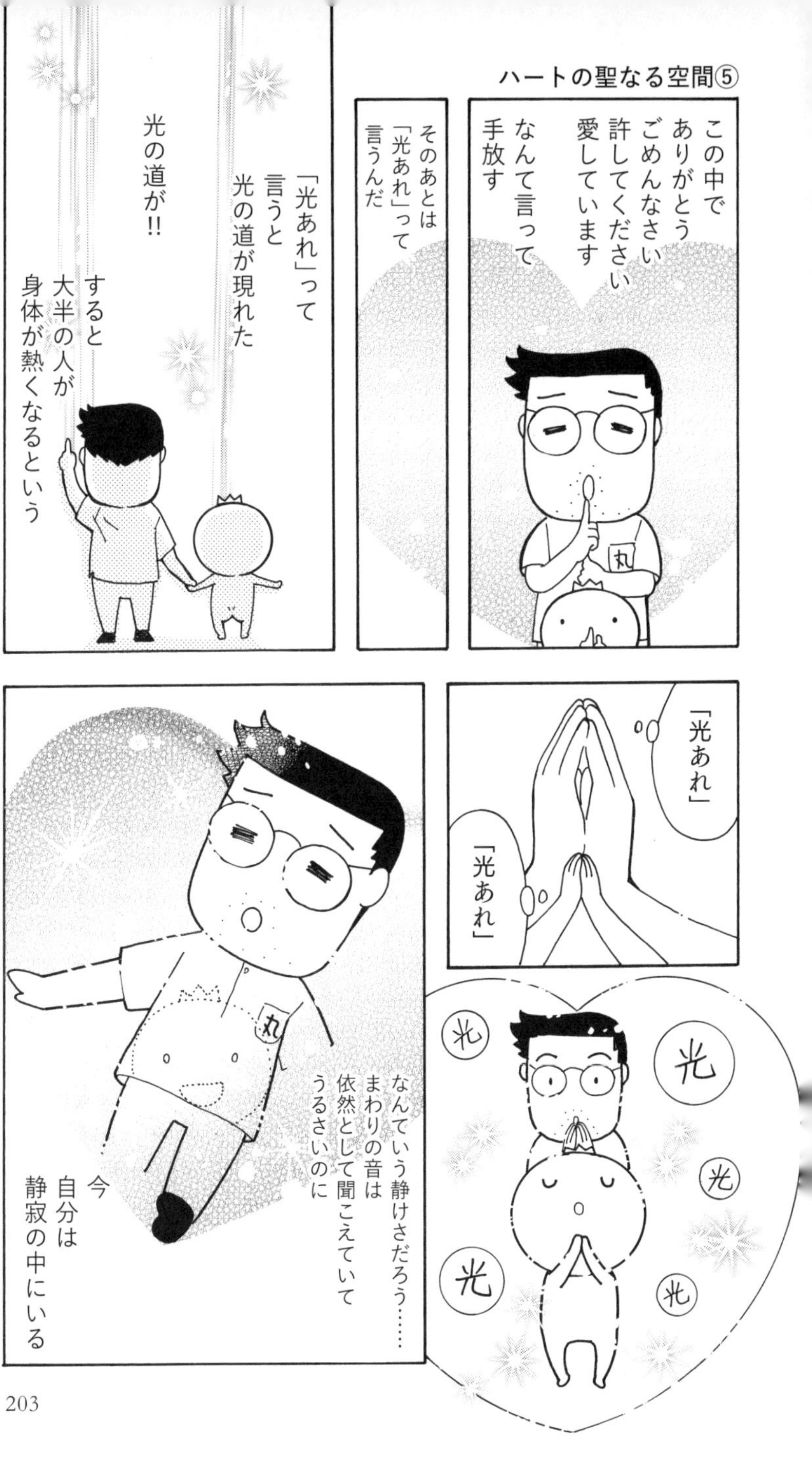
この中で
ありがとう
ごめんなさい
許してください
愛しています
なんて言って
手放す
そのあとは
「光あれ」って
言うんだ
「光あれ」って
言うと
光の道が現れた
光の道が!!
すると
大半の人が
身体が熱くなるという
「光あれ」
「光あれ」
光
光
光
光
光
なんていう静けさだろう……
まわりの音は
依然として聞こえていて
うるさいのに
今
自分は
静寂の中にいる

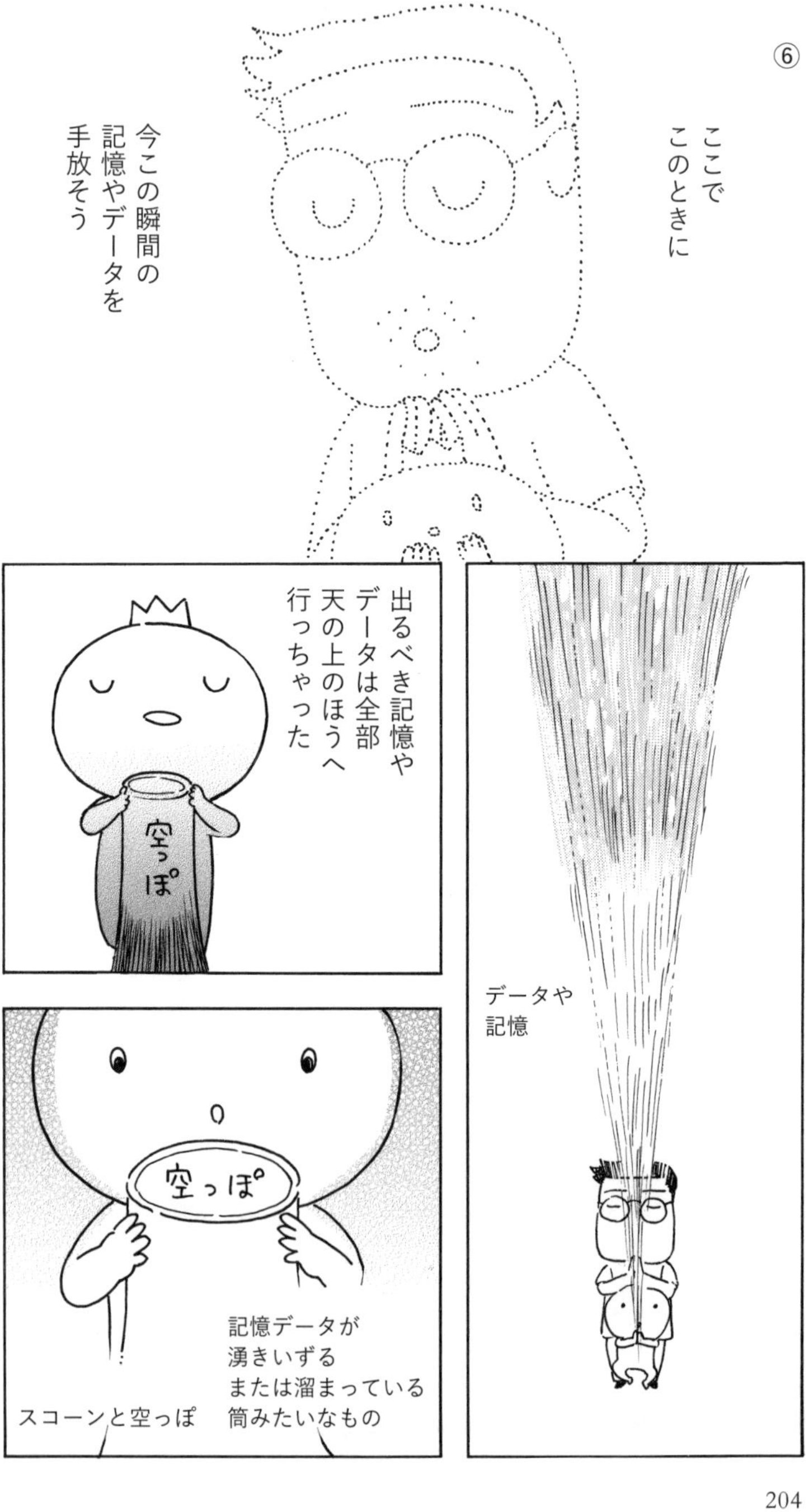
⑥
ここで
このときに
今この瞬間の
記憶やデータを
手放そう
データや
記憶
出るべき記憶や
データは全部
天の上のほうへ
行っちゃった
空っぽ
空っぽ
記憶データが
湧きいずる
または溜まっている
筒みたいなもの
スコーンと空っぽ

何もない
その気持ちのよさ!!
それで
ハート♡の聖なる空間の中で
患者さんをイメージしてみたら
内科 小児科
丸山アレルギークリ
ハートの空間から
患者さんを見ると
首がねじれていた
あぶない!!
ハートから
出てからのお話
首が
ヤバイよ!!
いつも首が気になって
首だけ汗を
かくんですよ
治せますか?
治りますよ!!
ハートの中で見たことは
間違っていなかった

クリーニングとは

ホ・オポノポノでは、「クリーニング」をすると問題が解決できると言われます。

人間の病気や苦悩を生み出すもの、よいものも悪いものも全部ひっくるめた潜在意識の中のあらゆる記憶を消去することを、ホ・オポノポノではクリーニングと呼んでいます。

問題というのは、潜在意識の中に蓄積された記憶が再生されることによって起こるので、何か問題が生じたら、その都度、「ありがとう」「ごめんなさい」「許してくださ い」「愛しています」という四つの言葉を言うことによって、記憶のクリーニングをします。すると、今、再生されているデータが消去されて新しいデータに変わり、結果、新しい現実が目の前に現れるのです。

ありがとう

ごめんなさい

許してください

愛しています

自分の潜在意識を意識し、心を込めて、四つの言葉を心の中で唱える。ただそれだけです。声に出す必要もありません。

私たちが日常で目にするもの、目の前に現れる問題というのは、すべて自分の記憶が作りだしたもの、潜在意識の中にある記憶が再生され、スクリーンに映し出されたものです。ですから、スクリーンに映し出された映像を変えたければ、四つの言葉を唱えることでクリーニングをすればいいのです。四つの言葉でクリーニングをし、もはや必要のない記憶を消去し、手放せばいいのです。

では、なぜ記憶が再生されるのでしょうか。

それは、すべての責任は自分自身にあると知り、潜在意識に蓄積された記憶を手放すチャンスをもらうためなのです。

何か問題が起こると、私たちは「どうして私が？」「どうして私がこんな目に遭うの？」と不満に思ってしまいますが、本当は「神さま、このチャンスを与えてくださったことに感謝します」と言うべきなのです。私たちは問題が目の前に現れたときにしか、クリーニングをして記憶を消すことができないからです。

ですから、何か問題が起こったら、その瞬間を逃さずに、四つの言葉を唱えることによってクリーニングをし、「記憶」を消去する。「記憶」が消えれば、問題も解決され、消えてゆく。つまり、クリーニングによって元を断つことができる、これがホ・オポノポノなのです。


ホ・オポノポノで効果が現れないという人は、問題だけをクリーニングして、そのときに起きた思いや感情をクリーニングしていなかったり、問題が起きたときに自分が被害者だと思ったりしていることが多いようです。

しかし、ホ・オポノポノでは、起きることはすべて一〇〇%自分の責任だと考えられています。私たちの中にある古い記憶が再生されて問題が起きるのですから、それは当たり前のことなのです。

ホ・オポノポノでは、いいことが起こっても、四つの言葉を使ってクリーニングをします。なぜかと言うと、いいことが起きると、私たちは、またもっといいことが起きると思ってしまいます。でも、それは執着なのです。また、いいことの中にも問題の種、トラブルの種があるかもしれません。ですから、四つの言葉でクリーニングをし、それらを消してゆくのです。

そのためのコツとして、普段から潜在意識と仲よくしておくこと、そして、潜在意識と一緒に行う気持ちで実践することが大切です。なぜなら潜在意識はすべての記憶を保持しており、私たちがホ・オポノポノを行うとき、超意識への橋渡しをしてくれる存在だからです。ホ・オポノポノは、潜在意識と人とをつなぐ最も簡単な方法でもあるのです。

診察を始める前に潜在意識（ウニヒピリ）とともにまず自分を「愛しています」ってクリーニングする
自分の身体の一つ一つに「愛しています」って言う
あいしています
頭に「愛しています」
首に「愛しています」
胴体に「愛しています」
手足に「愛しています」なんてする
すると急に風が吹いたりする
ヒュゥ
どうしてぼくまでクリーニングするの!?

君の中のどこかに
ぼくの記憶が
再生されているかも
しれない部分が
あるからだよ
もし君の中に
問題が生じているまま
ホ・オポノポノを
やったら
うまくいかない
かもしれない
だからまず
ぼくを
クリーニング
するのか！
イエース
さっき
風が吹いたけど
あれって
記憶が消去された
証拠だよね
うん！
次は
クリニックの建物も
「愛しています」って
クリーニングしてみる

クリーニングの仕方③

建物さん愛しています
内科・小児科
丸山アレル
また風が吹いた！
ぼくの中の建物に関する古い記憶が消えた
そして新しい建物に関するインスピレーションが届いた
風はそのサインだよ

今度はクリニックのスタッフのクリーニングをする

「ありがとう」
「ごめんなさい」
「許してください」
「愛しています」

今日クリニックに
来た人も
一人一人
クリーニングしていく
すると
瞬時に
大半の人が
身体が熱くなる
と言う
！
肩こりが
なくなった
あれ？
腰が痛くない
吐き気が
一瞬で消えた
身体がとても
あたたかくなった
なんてことが
次々
起こります

君がクリーニングすべきときに患者さんのクリーニングをしないと
その人が病気のままになるだけでなく君まで病気になることもあるよ
首がイタイ
よく患者さんと同じ病気になった人をみるけどあれはクリーニングしないからだよ
毎日毎日のクリーニングって大切なんだね
クリーニングだけがぼくたちを「無」や「空」やゼロの状態にしてくれる

一つ一つ
起きてくることを
丁寧にクリーニング
することは
瞑想よりも
大切かもね
クリーニングは
働きながらする
実践的な瞑想かもね
辛いこと
悲しいこと
イヤなこと
バイバイ
でも
問題が起きないと
クリーニング
できないよね
そんなことはない
自分の内側を
見ていると
いろいろな感情や
思いが出てくる
とても恐かった
あれこれ
ついイライラしちゃった
それやこれや
あんなことでこう思った
うっかり言っちゃった
恥ずかしいこと
ひどいこと言われて傷ついたよ
小さい頃のこと忘れられない
うれしかったサプライズ
あの人が大好き
たとえば
人と一緒に
働いていると
あー疲れたー
さぼろう
この人
働かないんだな
いやだな
こんな人と一緒に
働くのは
なんて
思いが出てくる

ごめんなさい　ゆるしてください
あいしています　ありがとう
ごめんなさい　ゆるしてください
そんなとき
その思いを
クリーニングしていく
自分の心の
内側を
常に見つづける
ことが必要だね
何か　大きな事件が
なくとも
自分の内側に
注意を向けていると
クリーニングの
対象には事欠かない
普段から
このようにしておくと
問題や事件は
起きにくくなるかもね

column

ホ・オポノポノ　四つの言葉

すべての現象を一〇〇%自分の責任と考えて、「ありがとう」「ごめんなさい」「許してください」「愛しています」の四つの言葉を唱えてクリーニングすることで、必ず変化が起こります。

この言葉（言霊）は、クスリ絵と同じような働きをします。

クスリ絵や立体クスリ絵、カタカムナクスリ絵など、使っているものの効果が弱くなったと感じたときも、この四つの言葉をかけると、そのパワーが回復します。まさに魔法の言葉です。

四つの言葉

ありがとう
ごめんなさい
許してください
愛しています

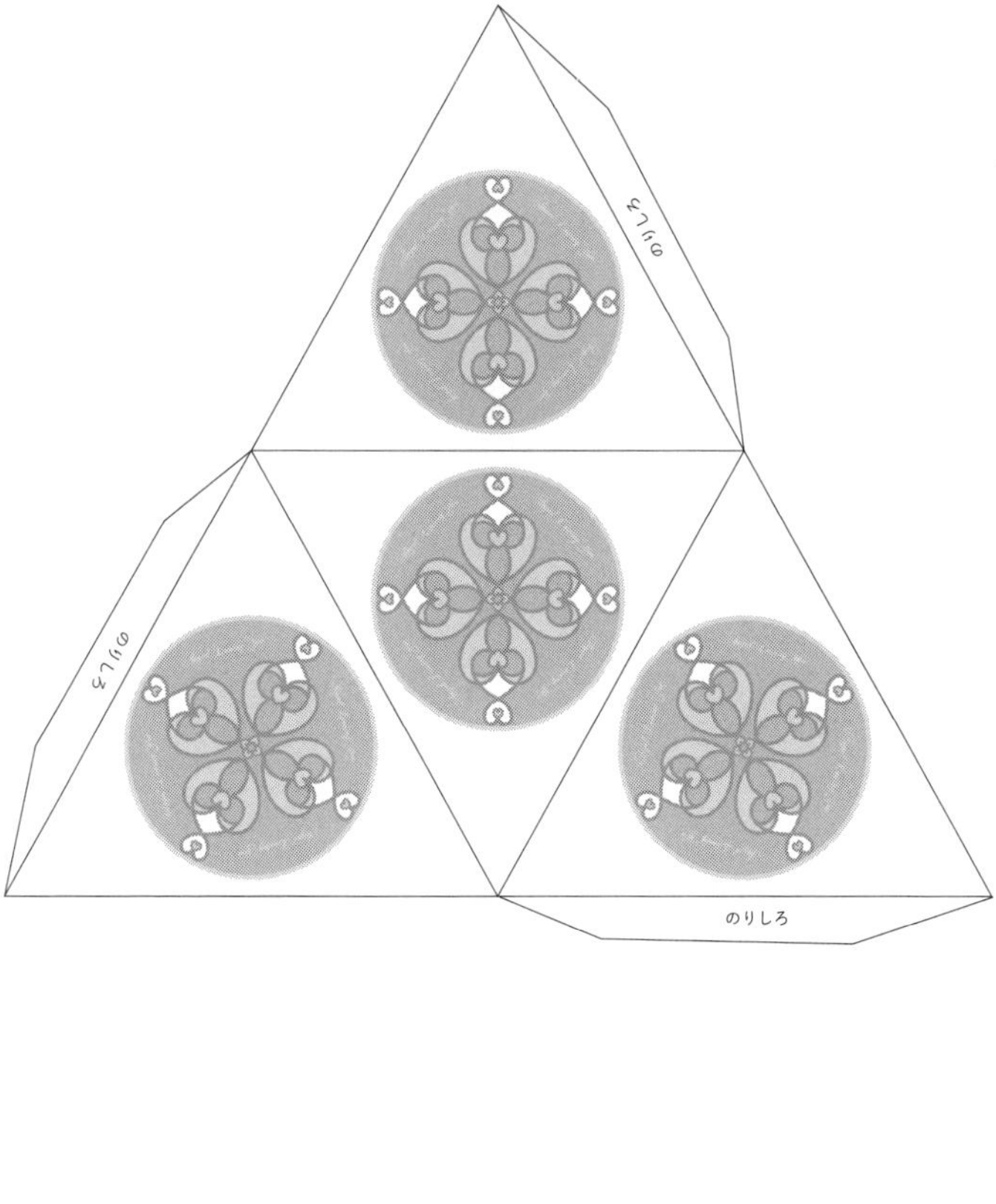

エンジェルフォースの立体ピラミッド

切り抜いて組み立ててください

おわりに

私たちのハートの中には、宇宙で最も尊い神さまである天照大御神《あまてらすおおみかみ》さまと同じ命が宿っています。ハートというのは、臓器的には心臓ですが、私たちの意識（心）の中にある空間です。

今は新型コロナウイルスで大変なときで、もちろん、私のクリニックも例外ではないのですが、この状況の中で、悲観して自殺しようと思う人もいらっしゃると思うんですね。でも、それは絶対にしてはいけないことだと思います。

神さまが私たちをこの世に降ろしてくださったということは、神さまから命をいただいたということです。このことに敬意を払い、どんなことがあっても、歯を食いしばって生きていくということは、ものすごく大切なことなんですよ、ということを皆さまに伝えていきたいと思っています。

苦しみというのは自分の意識の次元を上げるためにある、そんなふうに私は思っています。

そこのところをわかっていかないと、何で苦しいんだろうとか、そういうことばっかり考えて、自分を追い詰めていってしまいます。しかし、自分が置かれている状況の意味を、自分の成長のためということと結びつけていくと、後になって、あぁ、あのときのあの苦しみがあってよかったな、あれがあったから今の自分があるんだ、というふうに思えるときが必ず来ると思います。

何か問題が起きたときに、気持ちを一歩緩《ゆる》めて、結果はよくてもよくなくてもどちらでもよし、というスタンスでいくと、いろいろなことが思ったよりうまくいくものです。こうでなくてはいけない、ああでなくてはいけない、そういった決めつけを緩めていくことも大切なことなんじゃないかな、と思います。

私自身も常に苦しみや悲しみ、試練にさらされていますし、いつ倒れてもいいようなことも、いっぱい起こっています。問題というのは常に起きてくるわけですね。でも、そこから逃れられないときもあります。そんなときは、そのままでいいやと一時的に開き直るといいんじゃないかと思っています。問題に対して、生まれてくれてありがとう、という気持ちで、ホ・オポノポノのように、ハートに向かってていねいに、

「ありがとう。ごめんなさい。許してください。愛してます。」と何回も言うわけです。そうすると、その後の状況とか解決のされ方がまるっきり違ってきます。

もちろん、そこから逃げたいときは、パパパッと逃げていいんです。でも、辛いな、苦しいな、と思ったら、この試練は私の中から生まれてくれたんだ、こんな思いを感じさせてくれてありがとうと、その思いと、それを生み出してくれた自分自身に感謝していくことも大切かな、と思っています。これは自分の魂の修行のために起こったのだろうかなどと無理やり思わなくてもいいので、起こった苦しみとか、苦しみを作った原因のそばにじーっといて、あぁ、これが苦しみなんだ、とその思いに寄り添っていくわけですね。

人生というのは苦しみの連続です。でも、人生が幸せばっかりだったらボケてしまいます。自分の意識を高めてくれるより高い次元に持っていってくれるというのがこの苦しみだと思うんです。後になったら、本当にそういったものはあってよかったなーって、皆さん、必ず思うことがあると思いますよ。

この三次元の世界にしっかりと腰を下ろし、どんな苦しいことがあっても、どんな悲しいことがあっても、そこに寄り添いながら、ちょっと逃げたり、また向かっていったりしながら、この苦しさや悲しさを体験していこう、味わってみるぞ～、そんなふうに思っていると、皆さんの中にある「光」が輝き出し、問題が解決することも多いんじゃないかと思っています。皆さんもぜひ、そういうふうにしてみてください。

大変な時代ですが、絶対に自殺なんか考えてはいけませんし、店が倒産しようが、職場をクビになろうが、とにかく生き残ることだけを考えてください。必ずよいことがありますから。

古代の日本の医学というのは、肉体だけを治すのではなく、人そのものを救うことが目標だったのではないかと私は思っています。もちろん、現代医学も大切ですが、人の意識の奥深くにある「光」を一層輝かせることで人を救うこともできるんじゃないかと私は思っているのです。私がここでお話ししたことを皆さんが考えてみてくだされればありがたいですし、この本で紹介したさまざまなこともぜひ実践し、健康の自給自足をしていただけたらなあ、と思っております。

丸山修寛

二〇二一年六月

参考文献
『光る国神霊物語　大悟徹底の手引書』門田博治・花井陽三郎著　宮帯出版社
『二十一世紀の惟神の道　十言神呪　神・最高品性に至る三本の道・霊祭道』石黒豊信著　宮帯出版社
『魔法みたいな奇跡の言葉　カタカムナ』丸山修寛著　静風社
『カタカムナクスリ絵　潜在意識への気づきが人生を変える』丸山修寛著　静風社
『潜在意識とカタカムナ　1.8』丸山修寛著
『神山三津夫先生が開発し、医師丸山修寛が伝える　究極の膜空間療法のクスリ絵』 丸山修寛著
『クスリ箱1』丸山修寛著　ビオ・マガジン

マンガ：かなしろにゃんこ。(第一章・第三章・第四章)
協力：株式会社ユニカ
編集協力：早川茉莉

特別協力：神山三津夫（かみやま・みつお）
Braneworld therapy（ブレーンワールドセラピー）https://braneworld23.amebaownd.com
＊神山先生にはこの本に関する責任は一切ございません。本書に関するお問い合わせ等はご遠慮ください。

丸山修寛（まるやま・のぶひろ）
1958年兵庫県芦屋市生まれ。医学博士。丸山アレルギークリニック院長。山形大学医学部卒業。東北大学第一内科で博士号を取得。「自分だけの喜びは、どんなに頑張ってもたかが一人分。他人（家族・友人・患者さんなどの自分以外の人）も幸せにすれば、喜びも自分の分もプラス人数分になる。そうすれば無限大まで喜べる」をモットーに、治療や研究に日々精進している。ウェブサイトにて、研究活動の直筆マンガ「丸山修寛の呟き」を日々、更新中。また、幸せになる情報マガジン『丸ちゃん通信』も発行している。
東洋医学と西洋医学に加え、電磁波除去療法、波動や音叉療法、クスリ絵など、身体にいいとされるものは徹底的に研究・実践しなければ気が済まない性格である。じっとしていることが苦手なので、休みの日も研究に没頭している。独自の治療法は、多くのメディアで取り上げられている。主な著書に『神代文字はこうして余剰次元をひらく』（ヒカルランド）、『奇跡が起こる カタカムナ 生命の書 図像集２』（本田印刷株式会社 出版部）、『魔法みたいな奇跡の言葉 カタカムナ』（静風社）、『ひと箱まるごと目醒めのツール　クスリ箱』（ビオ・マガジン）、『クスリ絵カード３』（ビオ・マガジン）など多数。
http://maruyamanobuhiro.com/

あらゆる不調を快方へ導く、
丸山式究極の健康法
生命エネルギーが整う“クスリ絵の教え”

2021 年 7 月 20 日 初版印刷
2021 年 7 月 30 日 初版発行

著　者　丸山修寛
発行者　小野寺優
発行所　株式会社河出書房新社
〒151-0051
東京都渋谷区千駄ヶ谷2-32-2
電話 03 - 3404 - 1201（営業）
03 - 3404 - 8611（編集）
https://www.kawade.co.jp/
ブックデザイン　堀口努（underson）
印刷・製本　中央精版印刷株式会社
Printed in Japan　ISBN978-4-309-28901-4